厚生労働省認定教材	
認 定 番 号	第 59030 号
認 定 年 月 日	昭和 58 年 5 月 30 日
改定承認年月日	令和 3 年 2 月 18 日
訓 練 の 種 類	普通職業訓練
訓 練 課 程 名	普通課程

五 訂

建 築〔I〕

建築施工・工作法・規く術編

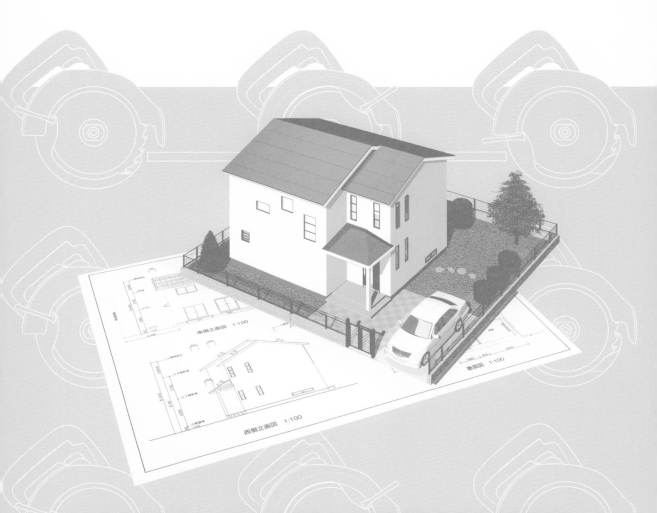

独立行政法人 高齢・障害・求職者雇用支援機構
職業能力開発総合大学校 基盤整備センター 編

は　し　が　き

　本書は職業能力開発促進法に定める普通職業訓練に関する基準に準拠し，建築施工系における専攻学科「木造建築施工法」「工作法」「規く術」等の教科書として編集したものです。

　作成にあたっては，内容の記述をできるだけ平易にし，専門知識を系統的に学習できるように構成してあります。

　このため，本書は職業能力開発施設での教材としての活用や，さらに広く知識・技能の習得を志す人々にも活用いただければ幸いです。

　なお，本書は次の方々のご協力により改定したもので，その労に対し深く謝意を表します。

＜監修委員＞

　塚　崎　英　世　　　職業能力開発総合大学校
　舩　木　裕　之　　　職業能力開発総合大学校

＜改定執筆委員＞

　岩　崎　有　喜　　　岩手県立二戸高等技術専門校
　上　村　大　作　　　鹿児島県立宮之城高等技術専門校

　　　　　　　　　　　（委員名は五十音順，所属は執筆当時のものです）

令和3年3月

独立行政法人 高齢・障害・求職者雇用支援機構
職業能力開発総合大学校 基盤整備センター

目　　　次

第1章

建 築 施 工

　木造建築は，**木工事**が主体であるが，このほかにいろいろな関連工事がある。工事を円滑に実施するためにも，また，良い仕事を行うためにも関連工事を含めた施工全般の知識が必要である。特に，木造建築工事における建築大工は，**施工計画**から**実施段階**において中心になるので，他の職種の工事内容を十分に理解しておかなければならない。

　木造建築は次のような各種工事が関係する。

① **仮設工事**（遣方，仮設小屋，足場など）

② **土 工 事**（整地，根切り，残土処理，埋戻し）

③ **地業工事**（くい打ち，割ぐり石地業など）

④ **基礎工事**（型枠組立て，コンクリート打ち）

⑤ **木 工 事**

⑥ **屋根工事**（瓦ぶき，板金工事など）

⑦ **左官工事**

⑧ **建具工事**（木製建具，金属建具）

⑨ **タイル工事**

⑩ **塗装工事**

⑪ **壁装工事**

⑫ **電気工事**

⑬ **給水工事及び排水工事**

⑭ **ガス工事**

⑮ **雑 工 事**

　このほか，ガラス，畳，ブロック，石及び浄化槽（便槽）工事などがある。これらの各種工事には，それぞれの専門知識があり，ここで詳細を学ぶことはできないが，特に関係の密接なものについて学ぶことにする。

　使用する材料は，特記がなければ設計図書に定める品質及び性能を有する新品とし，ホルムアルデヒド放散量による性能区分が，F☆☆☆☆のものとする。[1]

建築の専門用語について
　本書では，常用漢字にとらわれず実際に使用されている古来の用語を採用した。

第1節　施 工 計 画

　建築主は，早く建物を使用したい希望を持ち，施工者側は十分な余裕を持って仕事を進めたいと思うものである。実際には，建築主から完成希望日が提出され，施工者は，この工期内で完成できるかどうか検討を行うことになる。

　建築工事は，各種の工事の総合でまとめあげられるもので，それぞれの工事に必要な期間があり，また，他の工事との関連，前後の関係もある。

　例えば，屋根工事が終わらなければ内装工事には取りかかれないし，また，電気配管を壁に埋込むときは，これが完了しないと壁工事ができない。

　施工計画は，各工事の内容を十分につかみ，工事の順序と工事量から必要な工期を求めて組立てるもので，多くの知識と経験が必要である。日常の仕事を行うときも，他の職種についてよく観察したり，話を聞き，勉強することが大切である。

1．1　工　程　表

　工事の進行を表にしたものを工程表という。工程表は，各種工事の実施時期と所要日数をまとめたもので，横線式工程表やネットワーク工程表などがある。

　横線式工程表は，図1-1に示すように各工事が工期の中のどの時期に開始し，どの時期に終了するかが比較的わかりやすく，一般に多く用いられている。しかし，各種工事の関係や手順などは表現されず，詳細な工程管理には不向きである。

　ネットワーク工程表は図1-2に示すように，各種工事の前後関係や影響度合が的確に表現されており，より高度で詳細な施工計画や管理に適している。

1．2　工程表の組立て

　工程表作成の要点は，工事別の工期を求めなければならない点である。

　1日の作業量は1人1日の平均作業量×1日出場人員で，その職種の工事量を割れば，所要日数が求められる。

　例えば，土工事の根切りで，1人1日2.5㎡の土を処理できるとするとき，全根切り土量が25㎡であれば25㎡／2.5㎡＝10人になる。10人でかかれば1日，5人では2日になる。このような基本事項は積算で学ぶが，現場の仕事では，様々な障害が起こり，ここから割出された日数で計画を立てることはできない。

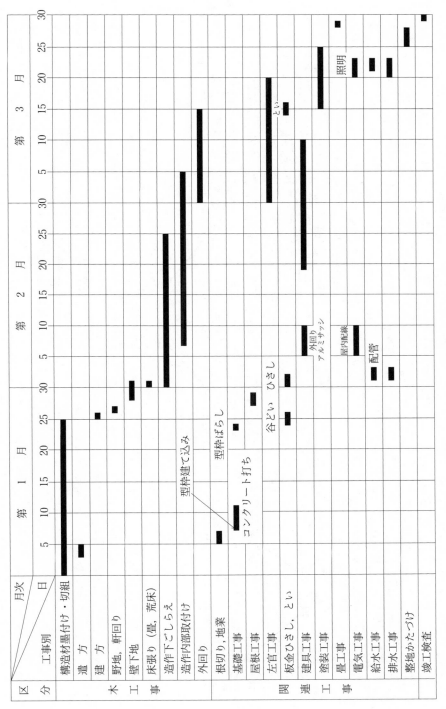

図1－1　横線式工程表の例

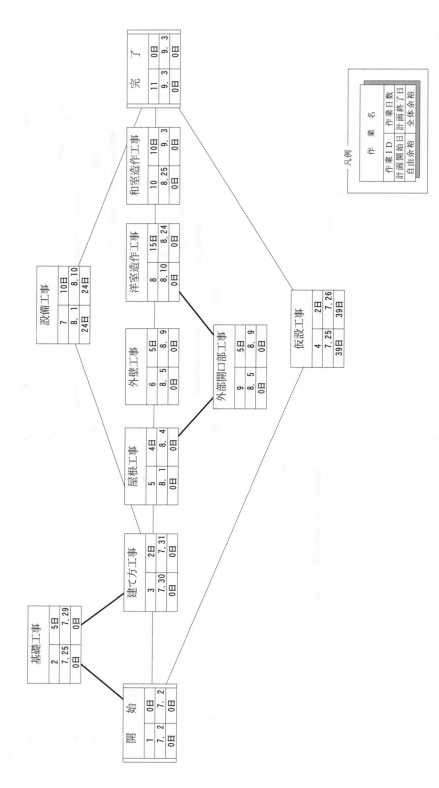

図1−2　ネットワーク工程表の例

すなわち,

① 気候・季節などの自然現象　（雨，雪，強風などで仕事ができないことがある。冬季は日没が早く実働時間が少ない。）

② 地理的条件　（敷地が狭く，資材が仕事に見合うだけ置けない。大勢の人が入れない。交通規制で車の荷降ろし時間の制限があるなど。）

③ 材料の入荷の遅れ　（作業員を手待ちさせる。）

④ 地鎮祭，棟上げ式（上棟式）（建築主が日を指定することがある。）

⑤ 湿式工法によるもの　（例えば，コンクリート基礎，モルタル塗り，土壁などは硬化するのに必要な日数がある。）

⑥ 工事間の順序　（通常，工程表をつくるときは，工事の細目について，着工順序をよくつかんでおくことが必要である。）

などに留意して作成する。

第2節　地盤調査・仮設工事

　建築物は下部に**基礎**を設け，**地盤**に定着させる。地盤の硬軟に応じて，**地業**や基礎の種類を決めなければならないので，設計にあたり，地盤の支持力（**地耐力**）を調査する必要がある。

　仮設工事とは，工事に必要な一時的施設などをつくる工事で，建築物としては残らないものをいい，工事現場の仮囲い，現場事務所，下小屋，材料機材倉庫，足場，型枠及び縄張り，遣方などがある。

　本節では，**地盤調査，仮囲い，足場，縄張り，遣方**について学ぶ。

2.1　地盤調査

　地盤の地層の状態や地耐力は，地表から直接観察することができないので，地盤を直接掘る**ボーリング調査**や**標準貫入試験**により確認する。

　木造住宅では，比較的簡便に地盤の硬軟等を判定する方法として図1−3に示すような**スウェーデン式サウンディング試験**が用いられる。

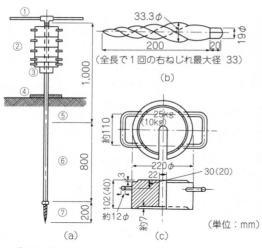

①ハンドル
②おもり（0.10kN×2　0.25kN×3）
③載荷用クランプ（0.05kN）
④底板
⑤ロッド（φ19mm、1,000mm）
⑥スクリューポイント用ロッド（φ19mm、800mm）
⑦スクリューポイント

図1-3　スウェーデン式サウンディング試験

2.2 仮 囲 い

　仮囲いは，工事現場の境界を明らかにし，工事中に道路通行者への危険防止，盗難防止などの目的で設けるものである。

　仮囲いの材料は，板，亜鉛めっき鋼板，木柵，鉄線柵，金網などを用いる。

2.3 足　　場

　足場は高いところでの作業のための足がかりとして設けるものである。なお，市街地などで工事現場の近くを歩行者が通るときは，足場にシート，金網などを張り，道路への落下を防ぐ。

　足場の材料は，丸太，鋼管（パイプ）などである。小規模の木造建築では，丸太足場もあるが，**単管（鋼管）や枠組み**による足場がよく使われる。

　足場の設置は，「手すり先行工法等に関するガイドライン」（厚生労働省　平成21年4月）によるものとし，足場の組立，解体，変更の作業時及び使用時には，常時，すべての作業床について手すり，中さん及び幅木の機能を有するものを設置しなければならない。

　また，足場，仮囲い等の設置や使用時においては，労働災害防止のために必要な保護具（保護帽，墜落制止用器具等）の着用，使用が必要である。

　なお，平成30年6月8日公布の労働安全衛生法施行令の一部改正により，胴ベルト型（U字つりを除く）安全帯及びフルハーネス型安全帯を指す法令用語として，「安全帯」は「墜落制止用器具」に改められた。[2]

（1）支柱足場

　地盤，床面などに支柱を配列して立て，それに**水平材**を架け渡して，作業面を支える足場である。

a．本足場

　2本の建地と2本の**布材**からなり，布材に**ささら材**を取り付け，これに足場板を架け渡して作業床とする足場である。安全性が高く，かつ能率的に作業できる足場であり，木造の建て方や外装工事などでよく使われる。図1－4(a)に代表的な**くさび緊結式足場**の例を示す。

b．一側足場（ひとがわ）

　1本の建地に布材を結び付けたのみの足場で，布が1本でできているものを片足場，布が建地を挟んで2本でできているものを抱足場（だき）という。布の中で地上より最初に設けられる布を**第一布**といい，労働安全衛生規則により第一布の高さは3m以下に設けることが決められている。一側足場は，本足場が設置できない狭い場所で使われる。図1－4(b)に代表的な**ブラケット一側足場**の例を示す。

c．棚足場

　室内の天井，壁仕上げなどのために丸太で組み上げ，その上に足場板を並べて作業床とする足場である。

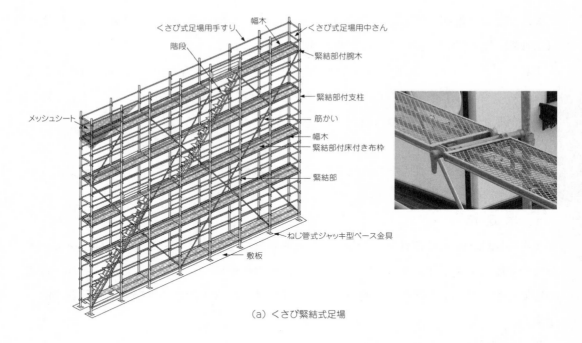

（a）くさび緊結式足場

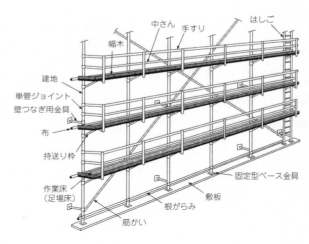

（b）ブラケット一側足場

図1-4　支柱足場

（2）　枠組み足場

　工場において鋼管を溶接してつくられた部材を，現場ではめ込んで組み立てる足場（図1-5）で，組立て，解体が容易で安全性の高い足場である。外装用にも内装用にも適している。

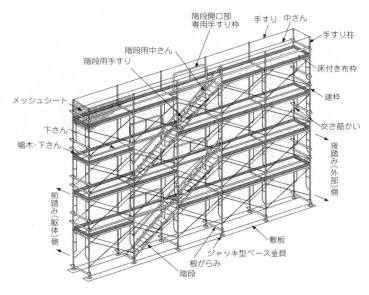

階段開口部
専用手すり枠　手すり　中さん
階段用中さん
階段用手すり
メッシュシート
下さん
幅木・下さん
前踏み〈躯体〉側
根がらみ
階段
ジャッキ型ベース金具
敷板
手すり柱
床付き布枠
建枠
交さ筋かい
後踏み〈外部〉側

図1－5　枠組み足場

（3）　つり足場

　ワイヤロープ，鋼材，鉄線などで上部の支点から作業床をつった形式の足場で，外装仕上げ，塗装工事などに使われる。重量物の積載に耐える**本つり足場**，ゴンドラと呼ばれる**軽便つり足場**，この２種のように自由に昇降できない**つり桁足場**などがある。

（4）　脚立足場及びうま足場

　脚立又はうまを並べて，その上に足場板を渡してつくる足場で，内装仕上げ工事などに使われる。転倒事故等の防止のため脚立の頂上に足場板を並べない。

　脚立足場（図1－6）は簡便に組立てられるが，設置に当たっては次の点に注意する必要がある。

①　足場板の設置高さは**2m未満**とすること。

②　脚立と脚立の間隔は**1.8m以内**とすること。

③　足場板は3個以上の脚立の踏面に架け渡し，足場板を踏面に固定すること。

④　足場板の長手方向の重ねは，踏面などの上で行うものとし，重ねた部分の長さは**20cm以上**とすること。

⑤　足場板の支点からの突き出し部の長さは**10cm以上**，足場板の長さ（L）の$\frac{1}{18}$以下とすること。

　なお，より安全性の高い足場として，図1－7に示すような**可搬式作業台**（可搬式足場）がよく使われる。

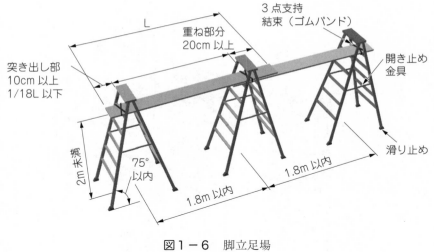

３点支持
結束（ゴムバンド）

L

重ね部分
20cm 以上

開き止め
金具

突き出し部
10cm 以上
1/18L 以下

2m 未満

75°
以内

滑り止め

1.8m 以内

1.8m 以内

図１－６　脚立足場

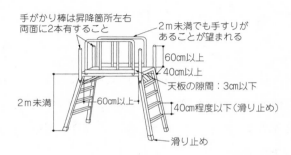

手がかり棒は昇降箇所左右
両面に2本有すること

2m未満でも手すりが
あることが望まれる

60cm以上
40cm以上

天板の隙間：3cm以下

2m未満

60cm以上

40cm程度以下（滑り止め）

滑り止め

図１－７　可搬式作業台（可搬式足場）

（5）　登り桟橋

足場への昇降のため**登り桟橋**がつくられる。材料の人力運搬にも使われるので，歩行しやすい勾配で足下の安全なものでなければならない。したがって，登り桟橋は幅**90cm以上**，勾配は**30°以下**とし，高さ**7m以内**ごとに折返し又は踊り場を設け，傾斜部には適当な滑り止めを施す。また，墜落の危険がある箇所には高さ**85cm以上**の手すりを設ける。

２．４　縄　張　り

建築物を建てる位置を配置図により，道路境界線，隣地境界線などから正確に位置を実測し，くいと縄で建物の位置を敷地に張り巡らせることを**縄張り（地縄張り）**という（図１－８）。縄張りは，建築主・設計者の立ち会いで行い，敷地の障害物（樹木・古井戸・ガス・水道管など）の有無と処置について確認しておく。

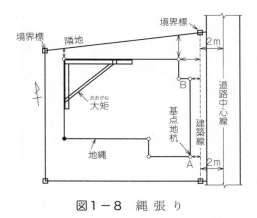

図1−8　縄張り

2.5　遣　　方

　縄張りで位置を定めた後，土工事，基礎工事，土台据え付けのための標準位置を示す仮設物をつくる。この仮設物を遣方という。図1−9に水ぐいの例を，また図1−10に遣方の位置について示す。

　遣方の設定は，外周の通り心から約1m外側に水ぐいを打ち，水平に水貫を取り付ける。

　水ぐいは，45〜75mm角程度の角材を用い，根入りは容易に動くことがないよう堅固に打ち込む。水ぐいとして丸太が用いられる場合もある。水ぐいの間隔は約1.8mとなるように配置する。くいを打ち終えたら，頭をいすか又は矢はずに切りそろえておく。いすか（又は矢はず）に切ったくい頭の破損の状態で，不慮の衝撃を受けて狂ったくいを発見することができる。

　水貫は，105×15mm以上の曲がり，反りのない貫板の側をかんな削りして直線にしたものを用いる。水ぐいの倒れを防止するため，筋かい貫を打ち付ける。

　水ぐいに同一水平面高さの位置の墨をつける。この高さを設定することを水盛りという。水盛りの方法は，水盛り管又はレベル，トランシットなどで行う。

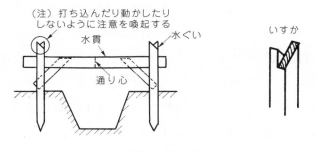

図1−9　水　ぐ　い

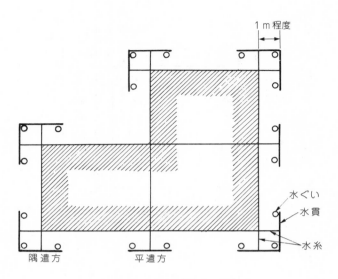

図1-10　遣方の位置

水盛り管（図1-11）は，連通管の原理を応用したもので，管で結ばれた両端の容器の水面高さは同じであることを利用している。水盛り管の操作における注意事項は，水筒の据付けは固定して測定中は動かさないこととゴム管，水筒の水を増減させてはならないことである。

水貫は，かんながけした側を天端<ruby>天端<rt>てんば</rt></ruby>に，墨に合わせてくぎ打ちする。

水貫に壁や柱の中心線の印をつけ

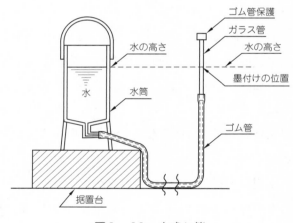

図1-11　水盛り管

る。これを<ruby>心出し<rt>しんだ</rt></ruby>という。これにより建物の位置は決定されるので，正確に行わなければならない。このため，配置図より，境界線からの距離を求め，実測した点を求めて，これを通る壁の中心線の水糸を遣方に取り付ける。次に，これに交差する他の壁の中心線の心出しを行う。交差は，一般の建築物では直角であるので，直角の出し方を述べる。

三角形の各辺をa，b，cとすると，$a^2+b^2=c^2$のときは，aとbの交差する角は直角である。これは，直角三角形において，斜辺の長さの2乗は，他の2辺の長さの2乗の和に等しいという三平方の定理（ピタゴラスの定理）で示されている。

例えば，辺の長さが，3：4：5であれば，$3^2+4^2=5^2$で直角三角形が得られる（図

1－12)。m単位では，1.5m，2 m，2.5mを用いると便利である。このほか，4.5m，6 m，7.5mなどの組合せもある。このようにして，大きな直角三角形を貫でつくったものを**大矩**という（図1－13）。

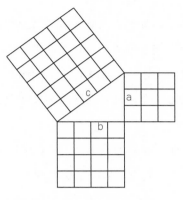

図1－12　三平方の定理

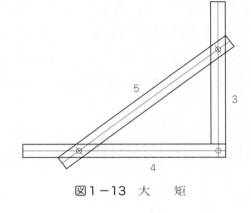

図1－13　大　　矩

水糸の交点から**下げ振り**を下ろし，その先端を大矩の直角に合わせ，はじめに設定した水糸に大矩の一辺を合わせ，後から取り付けた水糸を大矩の他の辺に合わせると水糸の交差は直角になる（図1－14）。

心出しは，はじめに外回りの壁心を出し，間仕切りなどは，心出し位置から実測により求める。

大矩の代わりに，同じ寸法に引き出すことのできる2本のテープが内蔵された大矩巻尺を利用する場合もある。

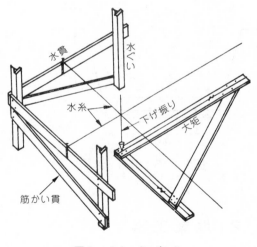

図1－14　心　出　し

第3節　土工事・地業工事・基礎工事

3.1　土　工　事

木造建築の土工事は，着工前の敷地整地，基礎工事，便槽・浄化槽工事などのための根

切り，排水工事の排水管の埋込み，工事終了ごろの周囲の整地などがあるが，本節では，基礎工事のための**根切り**について学ぶ。

　木造建築は布基礎で地盤に接しているので，地盤が軟らかいと基礎が沈下する。特に，地表面の表層土は沈下しやすい。まず，この表土を取り除かなければならない。

　根切りの深さは，設計図に示されている地盤面から下の基礎の部分と**捨てコンクリート**の厚さ，**割ぐり石**の厚さの合計になるが，割ぐり石は，突き固めにより沈下するので，根切り底の軟らかさにより根切りをやや浅くする（図1−15）。普通の土では20mmぐらい沈下を見込む。**根切り幅**は，型枠組立てのための空間をとるために基礎底面幅より大きくする。

　また，寒冷地で凍上*のおそれのあるところでは，地下の凍上線より下に基礎底面が位置するように根切りする。根切りの位置・深さ・幅は，水糸を基に定規で測る（図1−16）。

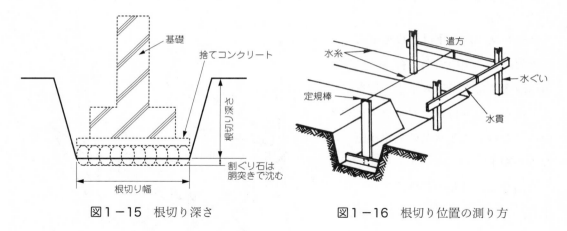

図1−15　根切り深さ　　　　　図1−16　根切り位置の測り方

3．2　地業工事

　地盤が軟弱で，表土を取り除いただけでは沈下のおそれがあるので，根切り底に玉石や割ぐり石，砂や砂利を入れて締め固める（図1−17）。これをそれぞれ，**玉石地業，割ぐり石地業，砂地業，砂利地業**という。さらに，地盤が軟弱なときはくいを打つ。これを**くい地業**という。

---

*　**凍上**：土地の表層が凍結して地盤が盛り上がること。凍上により建築物は傾斜，破壊，壁体や床の亀裂，建具類の開閉不能などの被害を受ける。

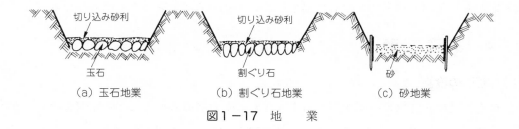

（a）玉石地業　　　（b）割ぐり石地業　　　（c）砂地業

図1-17　地　　業

（1）　玉石，割ぐり地業（図1-17(a)，(b)）

　玉石は，径15cmぐらいの硬質のもので，割ぐり石は，この玉石を2つ割りしたものを用いる。割ぐり石は，縦に小羽立に並べる。

　これらの地業は，根切りにより根切り底が乱されているので，これを締め固めるために利用するもので，この地業のときは，大だこ，ランマーなどで胴突きする。玉石，割ぐり石の隙間には，切り込み砂利を入れる。

（2）　砂地業（図1-17(c)）

　砂を敷き，水をまいて突き固める。これを水締めという。砂地業では，基礎からの荷重で砂が逃げないように周囲を囲う。

（3）　くい地業

　くいは，地盤下の堅固な地層にくいの先端をつけて支持させるものと，くいの周囲との摩擦により支持するものがある。

（4）　砂利地業

　比較的固い地盤の根切り底に，切り込み砂利又は砕石を敷きならし，突き固める。

3．3　捨てコンクリート打ち

　地業工事を終えたら，捨てコンクリート（捨てコンともいう。）を打つ。捨てコンクリートを打つ目的は，基礎コンクリートのセメントペーストが地業部分に浸入して基礎にすができるのを防ぐことと，基礎コンクリート型枠工事を容易にするためである。

（1）　捨てコンクリートの発注

　捨てコンクリートを発注するときの調合は，呼び強度24，スランプ15～18cm，粗骨材の最大寸法20，25mmのものとする。

（2）　捨てコンクリートの仕上げ

　捨てコンクリートの上に基礎型枠を組立てるため，上面は木ごてで平らにする。砂利が出ていたり，不陸（ふろく，ふりく）があると，型枠のすわりが悪くなり，また，せき板

の下端からセメントペーストが流れ出て，コンクリートにすをつくる原因になる。

3．4　基礎工事

（1）　基礎の役割

　基礎の役割は，建物の不同沈下を防ぐとともに耐力壁の水平力による転倒を防ぐことにある。このため，図１－18に示すような**布基礎**とすることが効果的である。

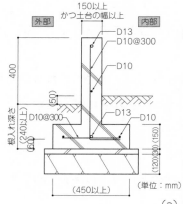

注1）布基礎各部の寸法のうち，（　）内の寸法は一般的な参考
　　例である。底盤の幅の決定にあたっては，荷重条件及び
　　地盤の地耐力等を勘案して適切なものとする。
　2）横筋のうち上下主筋はD13，その他の横筋及び縦筋は
　　D10とし，鉄筋の間隔は300mmとすることを標準とする。
　3）立上りの補助筋に上端筋（主筋）を固定（結束）する際に，
　　上端筋の正確な位置取りが困難な場合には，補助筋の頂
　　部にフックを設けて，上端筋を適切に配筋できるように
　　することが望ましい。

（a）標準配筋

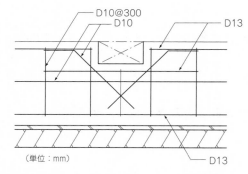

注）換気口まわりは，D13の横筋とD10の斜め筋により
　補強する。
　D13横筋の長さは，500mm＋換気口の幅の長さ
　＋500mmとする。
　D10斜め筋の長さは，2×400mm＝800mm以上と
　する（コンクリートの呼び強度 24N/mm²の場合）。

（b）換気口まわりの補強

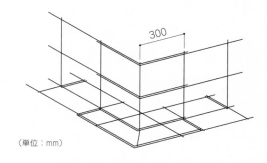

注）隅角部では，各横筋を折り曲げたうえ，直交する他
　方向の横筋に，300mm以上重ね合わせる。

（c）コーナー部のおさまり

図１－18　布基礎詳細

　ただし，無筋の布基礎では，地震時の耐力はあまり期待できないため，一体の鉄筋コンクリート造とすることが望ましい。表１－１に，地盤の長期許容応力度と基礎構造の関係を示す。地盤の長期許容応力度が20～30kN／㎡の範囲では，基礎ぐい又は図１－19に示す，べた基礎とすることが望ましい。

表1-1　地盤の長期許容応力度と基礎構造の関係[3]

地盤の長期許容応力度	基礎構造
20kN／㎡未満の場合	基礎ぐい
20kN／㎡以上30kN／㎡未満の場合	基礎ぐい又はべた基礎
30kN／㎡以上の場合	基礎ぐい，べた基礎又は布基礎

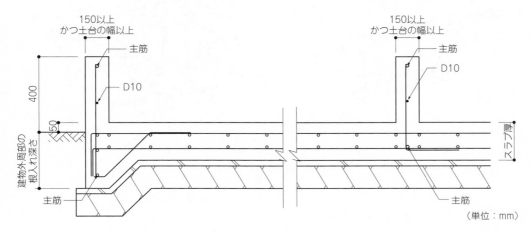

（単位：mm）

注1）べた基礎の寸法及び配筋については，建設敷地の地盤状況を勘案のうえ，構造計算により決定すること。
　2）１階の床下地面は，建物周囲の地盤より50mm以上高くする。
　3）根入れ深さは，12cm以上かつ凍結深度以上（行政庁が規定している場合）とする。なお，建物内部の底盤の根入れ深さを建物外周部より浅く設定する場合は，その位置で許容応力度が確保されるように，その地盤に応じた適切な措置を行うとともに，建物外周部は基礎施工後の給排水・ガス工事等による地業・地盤の損傷による建物内部への雨水の浸入を防ぐために，適切な根入れ深さとする。
　4）配管類のための穴の間際に防蟻性のある材料（ルーフィング用コールタールピッチ，ゴム状の瀝青シール等）を充填する等，防蟻上有効な措置を施す
　5）基礎底盤の雨水を排水するため，適切な位置に水抜き孔を設ける。なお，当該水抜き孔は工事完了後にふさぐ。

図1-19　べた基礎詳細図

（2）　型枠位置の墨出し

遣方に設けた水糸から下げ振りで捨てコンクリート面に水糸位置を移し，墨を打ち，これにより基礎幅などの位置を**墨出し**する。

（3）　型枠の組立て

型枠のコンクリートに接する面を掃除する。付着したコンクリートは特に入念に落とす。せき板には剥離剤を塗る。

捨てコンクリートの表面をよく掃除し，型枠を捨てコンクリートに打った墨に合わせ，上端を桟木などで向かい合う型枠を連結して固定し，また，下端は，**端太角**で支持する。

型枠の組立ては，特に間仕切基礎，隅角部では，ばらし順序を考えて組み立て，くぎは，全部打ち込まないで頭を残しておく。

型枠の内側に，基礎の天端高さの位置に墨を打ち，くぎの頭を出して目印にする（図1
-20）。

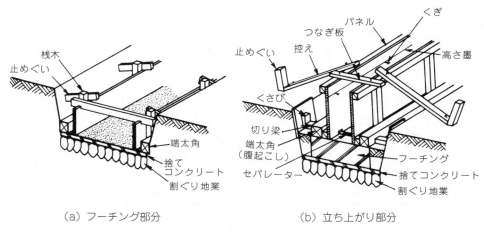

（a）フーチング部分　　　　　　　　　　　　（b）立ち上がり部分

図1-20　型枠組立て

（4）　換気口・アンカーボルト

基礎に換気口を設けるときは，型枠組立て中に取り付ける。

換気口は，外周部の布基礎に間隔5m以内に有効換気面積300㎠以上の大きさのものを
設ける。

なお，換気口下端は，雨水が流入しないように，外下がりに勾配を付ける。

また，ねこ土台（基礎と土台の間に換気スペースを設けるために入れるもの（図1-
21））を使用する場合は，外周部の土台の全周にわたって，土台の長さ1m当たり面積60
㎠以上の換気孔を設ける。

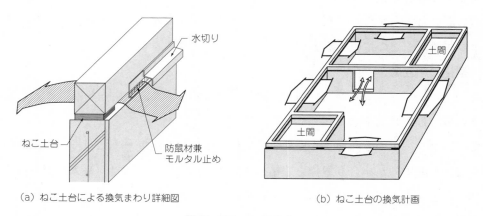

（a）ねこ土台による換気まわり詳細図　　　　　（b）ねこ土台の換気計画

図1-21　ねこ土台

　アンカーボルト位置は，**基礎伏図**から位置を求め，型枠に桟木などを取り付けて位置を示しておく。さらに，コンクリート打込み時に，アンカーボルトの保持及び埋込み深さを正確に行うためと，垂直に立てるために，図1-22に示すような位置決め用金物を用いることもある。

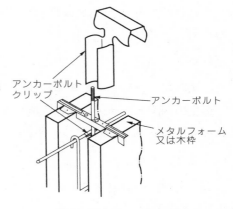

アンカーボルト
クリップ

アンカーボルト

メタルフォーム
又は木枠

図1-22　アンカーボルトの
　　　　　　位置決め用金物

　アンカーボルトは，胴径12mm以上とし，コンクリートへの埋込み長さは250mm以上とする。アンカーボルトの埋設位置は，耐力壁の両端の柱の下部に近接した位置，土台切れの箇所，土台継手及び土台仕口箇所の上木端部とする。

3.5　基礎コンクリート打ち

　基礎型枠工事を終了したら，**基礎コンクリート打ち**を行う。基礎コンクリートは，建物全荷重を受けるところであり，欠陥のないコンクリートを打たなければならない。

（1）　基礎コンクリートの発注

　基礎コンクリートを発注するときの調合は，**呼び強度24，スランプ15〜18cm，粗骨材**の最大寸法20mm又は25mmとする。

（2）　基礎コンクリートの打込み

　基礎コンクリートの打込みは，遠い場所から打ち始め，コンクリートを遠くまで流さない。

　コンクリートは，遠くまで流すと砂利が分離し，均一な良いコンクリートにならない。また，換気孔やアンカーボルトの位置における打設は，特に丁寧に行わなければならない。

　基礎コンクリートの天端は，木ごてで荒ならしをし，金ごてで仕上げる。仕上げに不陸があると土台との間に隙間ができる。

　なお，天端均しはセルフレベリング材（せっこう系又はセメント系の自然流動材で，不陸のある基礎上端に5〜20mm程度流して，押さえなしで平滑な面に仕上げる材料）を使用することもある。[3]

（3）　養生

　打ち込まれたコンクリートは，まず**凝結**を始め，引き続き硬化に移行し，時間が経つにしたがい強度が増進する。この変化が十分に進行するように，コンクリート打込み後に行

わなければならない必要な処置を**養生**という。コンクリートの凝結・硬化・強度増進の過程において外気の温度・湿度が大きく影響するので，養生を怠るとコンクリートは硬化が遅れたり，亀裂が生じたりする。したがって，コンクリートを打ち込んだ後には散水したり，**養生シート**などで覆うなどして，日光の直射，急激な乾燥，寒気に対する養生を行う。

　養生の期間は，セメントの種類，水セメント比，気温により異なるが，**普通ポルトランドセメント**を使用する場合，気温15℃以上のときは2日程度行う。気温が低くなるに従い期間は長くなる。

　また，硬化中のコンクリートには有害な衝撃を与えないようにし，24時間はその上を歩行してはならない。

3．6　型枠の取り外し

　型枠の存置期間は，気温・セメントの種類によって異なるが，普通ポルトランドセメントの場合，気温15℃以上のときは3日以上，5℃以上15℃未満のときは5日以上とすることが建築基準法施行令により定められている。

　硬化日数不足のまま外すと，亀裂が入ったり，型枠にコンクリートが付着して基礎を削り取ったようになる。最悪の場合には，**打ち直し**にもなりかねない。

第4節　木造躯体工事

　木工事は，建築大工が行う木材の**切組み**，**建て方**，**造作**などである。通常は次のように行う。

構造材の墨付け，切組み：設計図書により，土台，柱，桁，梁，小屋組，床組などの部材を墨付け，切り刻み加工する。この作業は，現場外の大工小屋で行い，建て方のときに現場へ材を運ぶことが多い。

建て方：基礎に土台を据え，柱，桁，小屋を組む作業で，この作業を終えたときには棟上げ式（上棟式）を行う。

野地，軒回り：内外装工事に入る前に，屋根工事を済ませておくために，屋根関係の野地，軒回りを行う。

　屋根工事で軸組が安定してから，壁下地，畳荒床，内部造作，外回りを行う。これらの工事中に，屋内電気配線，水道，ガス配管工事なども進められる。

　本節では，建て方について学び，構造材の墨付け，切組みや造作工事は「第2章　工作

法」で学ぶ。

4.1　土台の据え付け

（1）土台の防腐

土台は，腐朽菌が最も付きやすいところであり，木部がコンクリートと接する部分，土台のほぞ穴などは特に入念に**防腐剤**を塗り込んでおく（図1−23）。

図1−23　防腐処理土台（インサイジング加工済）

（2）基礎天端への墨付け

基礎天端に土台据え付け位置の墨を出す。基礎の中心にはアンカーボルトがあるため**心墨**は付けられないので，基礎心より30㎜外側に**逃げ墨**を打つ。

仕口，継手，土台切れの位置も定めておく。

（3）土台部材の配材

土台部材を，据え付ける基礎のそばに（番付に従って）配り，部材の数量，仕口，継手を確認する。

（4）アンカーボルトの穴開け

基礎天端で，アンカーボルトの位置を柱心などから測り，土台へ墨付けし，穴開けする。穴は，ボルト径より3㎜以上大きくしてはならない。

（5）土台の据え付け（図1−24）

外回り土台から据え，次に，間仕切土台などを据える。

継手，仕口は，滑り勾配，入り勝手を利用し，傷つけないように滑り込ませる。継手で，かま継ぎ，あり継ぎのように敷き面のある継手は**女木**を先に据える。

アンカーボルトを通すときは，土台を水平に持ち，真上から穴に通す。

継手，仕口のはめあいが堅い場合は，当て木をして**玄能**で叩く。

アンカーボルトは，必ず，座金を入れてナットを締める。

前日等に先行して土台を据え付け，1階床合板張りを行っておくと，作業床を確保することができ，安定して建て方を行うことができる。[4]

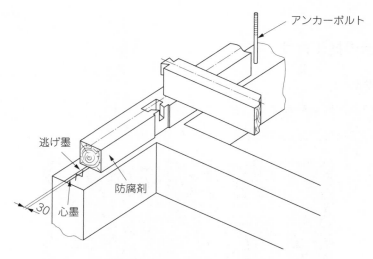

アンカーボルト

逃げ墨

防腐剤

30

心墨

図1－24　土台の据え付け

4．2　柱・桁・胴差し

　一般的には，桁又は胴差しと柱を組んで１組の架構（かこう）をつくり，クレーンを用いて順次組起こしながら梁を架けていく方法や，先行足場で柱を土台に差した後，桁を載せる方法がある（図1－25）。

（1）　部材の配材

　桁行方向の柱とこれにつながる桁又は胴差しを番付により配る。

図1－25　クレーンを使用した建て方作業

（2）　地上組立て

　桁，胴差しに柱ほぞを差し，羽子板ボルトなどの補強金物を仮締めして組む。

　２階建てでは通し柱を後回しにし，胴差しと管柱（くだばしら）を組み立てる。

（3）　起こし・仮筋かい・梁

　土台に柱ほぞを合わせ起こし，仮筋かいで固める。仮筋かいを留めるくぎは，柱の見え掛かりを避けて，くぎ跡が見苦しくならないように注意する。

　柱，桁を組起こしたら和式小屋組では小屋梁を渡す。

　２階建ては，通し柱を建て，これに胴差しを取り付け，２階管柱を組み，桁を載せていく。

　建て方の進行と合わせて，仮筋かいを，**桁行**，**梁間**方向に入れておく。地震はいつ来るかわからないし，突風にも注意しなければならない。

（4）接合金物

　接合金物には，**角金物**，山形プレート，筋かいプレート，羽子板ボルトなどがあり，Ｚマーク表示品又はこれと同等品以上のものを用いる。羽子板ボルトなどのボルトは座金を入れ，ナットを仮締めしておく。

4.3　小屋組

（1）和式小屋組

　桁に梁を載せ，梁に**小屋束**を組み，束の上に，**棟木**，**母屋**を渡す（図1－26）。

　束の仕口は，叩いてはめ合わせ，密着させてかみ合わせにする。

（2）洋式小屋組

　地上で陸梁・束・合掌材を組み合わせて製作したトラスをつり上げて**敷桁**に載せる。

図1－26　和式小屋組の建て方作業

4.4　建て入れ

　4.1～4.3で，骨組みが建てられたが，このままでは，柱は必ずしも垂直ではないので修正する。これを**建て入れ（ゆがみ直し）**という。

　桁行方向・梁間方向の各番付通りについて，はじめに目視でゆがみの方向をにらみ，修正する方向にロープを掛け，仮筋かいを外し，ロープを絞る。

（1）柱の垂直

　下げ振り（正直ともいう）を用いて柱の垂直をとる。下げ振りは，柱の上部から土台下端まで下ろし，糸の出もみる。また，風により動きやすいことから図1－27に示すような風防下げ振りを取り付けて調べることもある。

（2）柱の出入り

　水平に水糸を柱外側に張り，柱の出入り（**通り**）を検査する。特に，桁行の長い建物では必ず行う。

（3）　本締め・仮筋かい

　建て入れが終わったら，仮締めした羽子板ボルトなどのナットの本締めを行い，再び仮筋かいを固定しておく。

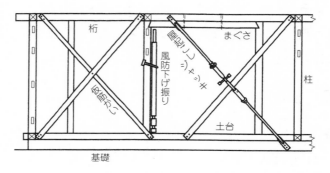

図1-27　建て入れ

第5節　屋根・とい工事

　屋根工事は小屋組，野地，軒回りと木工事が進んだところで取りかかる。屋根ふき材には，瓦のようにかなりの重さのあるものがあり，造作に入る前に屋根工事を終えて落ち着かせる。また，内装仕上げを雨から守るためにも早く施工する必要がある。

　屋根ふき材は，粘土瓦，セメント瓦，厚型スレートなどの瓦類と，亜鉛めっき鋼板張りなどの金属板が住宅に用いられる。

5.1　瓦　　類

（1）　下　　地

　瓦類は，隙間があり，雨水の浸入を防ぐことが難しい（**雨仕舞***が悪い）ので，瓦の下に下ぶき材を用いる。

　下ぶき材は，結露水や湿気を防ぐために使われるもので，**アスファルトルーフィング**，**アスファルトフェルト**などがある。

　アスファルトルーフィングは，1巻の重量22kg（1巻の長さ21m，幅1m）を用い軒先から上へ向かって張り，継手は上下（流れ方向）は100mm以上，左右は200mm以上重ね合わせ，継手の通りは間隔300mm内外に，その他は要所をタッカーくぎなどで留める。

---

*　**雨仕舞**：雨水が建物の中に浸入するのを防ぐこと。

図1−28に下ぶき工法の例を示す。

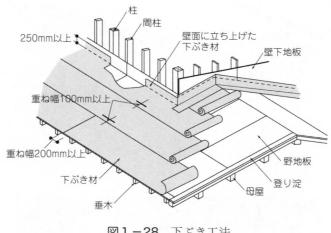

図1−28　下ぶき工法

（2）谷どい

屋根の谷は，**隅棟谷**（すみむねだに）**・きわ谷・捨て谷**がある。**隅棟谷**は屋根の2つの流れが相合するところにできる谷（両方の屋根面から雨が集まるところ），**きわ谷・捨て谷**は，平家屋根が2階の壁と接するところのように，壁に沿った谷である。

とい板は，厚さ0.4mm以上のステンレスや**塗装溶融亜鉛めっき鋼板**等を用い，継手は，こはぜ掛け，両耳谷縁付きは水返し折りとし，つり子留めにする。

（3）瓦類のふき方

a．厚型スレート

1枚ごとにくぎ穴に亜鉛めっきくぎ2本打ち，棟瓦は，1枚ごとに亜鉛めっき鉄線2本を用いて棟に緊結する（図1−29(a)）。なお，近年は薄型で軽量な住宅屋根用化粧スレート（図1−30）が多く使用されている。

b．和　型　瓦

瓦はほとんどが引掛け桟瓦が多い。下ぶきに瓦桟を取り付け，瓦のつめを引掛け，登り5枚ごとにくぎ打ちする。軒先瓦・けらば瓦・谷縁瓦は1枚ごとにくぎ打ちし，のし瓦・棟瓦は1枚置きに亜鉛めっき鉄線2本で，鬼瓦は4本で地棟にくぎ打ちして緊結する（図1−29(b)）。

なお，桟木の取付け位置は，軒瓦の出寸法及び登り寸法，桟瓦の働き寸法を割り付け，これに基づいて墨打ちを行う。図1−31に切妻屋根の瓦割付けを，図1−32に谷どいを示す。

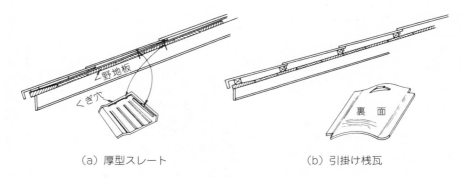

（a）厚型スレート　　　　　　　　　（b）引掛け桟瓦

図1−29　瓦のふき方

図1−30　化粧スレート

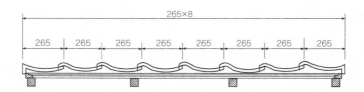

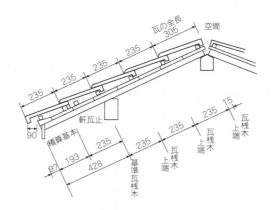

図1−31　切妻屋根の瓦割付け

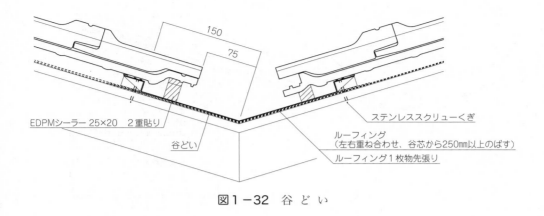

EDPMシーラー 25×20　2重貼り

谷どい

ステンレススクリューくぎ

ルーフィング
（左右重ね合わせ、谷芯から250mm以上のばす）

ルーフィング1枚物先張り

図1－32　谷　ど　い

5．2　金属板類

亜鉛めっき鋼板・銅板・アルミニウム板のほか，アルミ亜鉛合金めっき鋼板，ステンレス鋼板などがある。

（1）　下　ぶ　き

アスファルトルーフィングを用いる。なお，断熱のために木毛セメント板などを下地に用いることもある。

（2）　金属板のふき方

大別して，一文字ぶき，瓦棒ぶき，横ぶき，立平ぶきがある。

ａ．一文字ぶき

亜鉛めっき鋼板厚さ0.35mm以上を使用する。谷の部分は0.4mm以上のやや厚手を用いる。ふき板は，600×450mm内外の切り板とし，継手は，こはぜ掛けで，掛けしろは15mm内外，軒先及びけらばの通し付け子は軒先20mm程度，けらば15mm程度のはね出しとし，継手は，重ね掛け250mm内外にくぎ打ちする。ふき板は，1枚につき，つり子を4個で留め付ける。壁に接するところは，受板に沿い，雨押さえ上まで立ち上げ，くぎ打ちする（図1－33）。

ひさしなどの雨押さえ包み板は，下見板裏へ十分に立ち上げ，要所をくぎ打ちする。

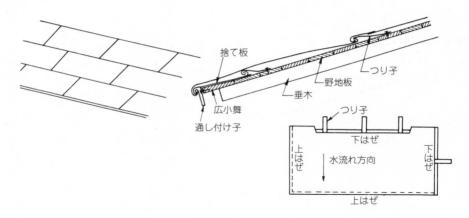

図1－33　一文字ぶき

b．瓦棒ぶき

心（真）木ありと心木なしがある。

1）　心木のある瓦棒ぶき

40×50mm内外の心木を450mm間隔に棟から軒先へ取り付け，心木を包むものである。横方向の継手は，この心木の上角まで立ち上げ，つり子留めし，心木の上から包み板をかぶせ，こはぜ掛け又は重ね継ぎする。

2）　心木のない瓦棒ぶき

種々の形式が考案されている。巻きはぜ式，重ね式などがある（図1－34）。

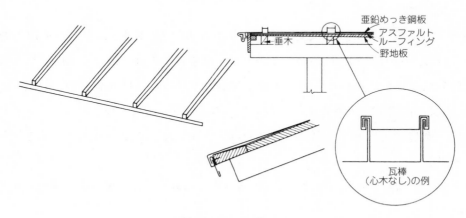

図1－34　瓦棒ぶき

c．横ぶき

長尺鋼板の両端を継手とし，屋根の流れに対して直角方向に，つり子を用いて軒先側から順次棟方向に段差をつけて下地に留め付けるふき方である（図1－35）。[5]

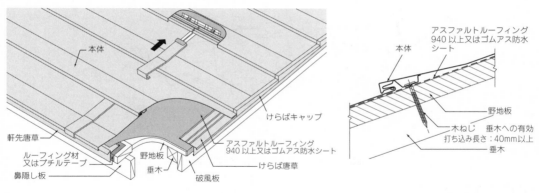

図1-35 横 ぶ き

d. 立平ぶき

長尺鋼板の両端をハゼ形状に加工し，屋根の流れ方向に，つり子を設けて下地に留め付けるふき方である（図1-36）。[5]

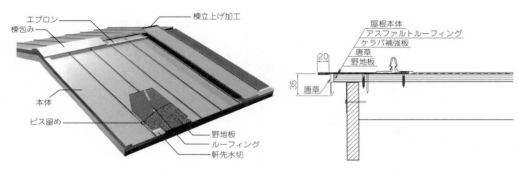

図1-36 立平ぶき

5.3 雨 ど い

とい工事とは，谷どい・軒どい・縦どい・水切り・雨押さえなどの工事をいい，一般に，かざり（錺）工事*の中で取り扱われている。

雨どいの材質は，塩化ビニル・銅板・亜鉛めっき鋼板などで，現在は，塩化ビニルが最も多く用いられている。

(1) 軒 ど い

軒どいは，軒先に取り付けるといで，屋根からの雨水を直接受けるものである。軒どいの大きさは，屋根の面積と水勾配で決められる。

軒どいに関係する部品としては，図1-37に示すように，じょうご・継手・止まり・曲がりなどがある。

---

* かざり工事：板金工事ともいう。

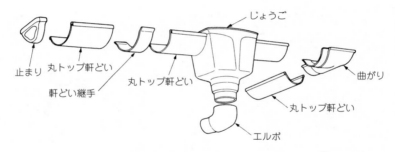

図1－37　軒どいに関係する部品

（2）　たてどい

　たてどいは，軒どいで集水した水を縦に排水するためのものである。たてどいに関係する部品としては，**エルボ・たてどい継手・呼びどい**などがある（図1－38）。

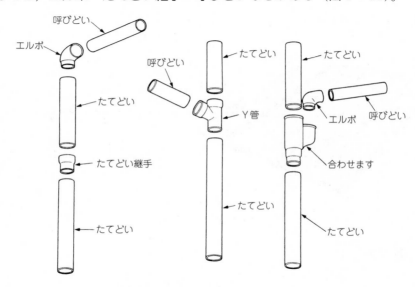

図1－38　たてどいに関係する部品

（3）　といの施工

　軒どいをつり金具で固定しながら，とい用接着剤で接着し取り付ける。このとき，水勾配は設計図に示されたとおりに取り付けなければ，施工後のトラブルの原因になりやすい。

5.4　水　切　り

　出入口の壁と枠の接するところ，外壁の下端など雨水の浸入しやすいところは，金属板で**水切り**を付ける（図1－39）。風を伴う雨のときは，水のはい上がりがあるので，水切りも立ち上げておく。

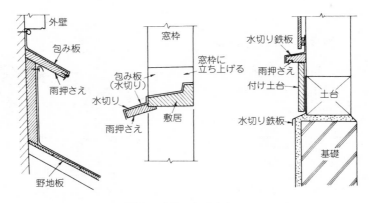

図1－39　水切り

第6節　左官工事

左官工事は**土壁塗り・モルタル塗り・プラスター塗り**などのこて塗りを行うもので，左官職の担当である。屋根工事で，屋根ふき材が全部載せ終わったころ壁下地にかかり，屋根工事を終えてから左官工事に入る。

左官工事の仕上げの種類は多いが，その主なものについて，仕上げと下地の主要材料を表1－2に示す。

表1－2　仕上げと下地の主要材料

種　　類	下　地　材　料	左　官　材　料
土　壁　塗　り	小舞こまい	粘土，砂，すさ，のり
しっくい塗り	木ずり	消石灰，砂，すさ，のり
モルタル塗り	木ずり，防水紙，ラス，木毛セメント板	セメント，砂
プラスター塗り	せっこうラスボード	プラスター，砂，すさ
人造石塗り	木ずり，防水紙，ラス	セメント，着色剤，枠石

左官工事は，水練り材料をこて塗りする，いわゆる**湿式工法**である。通常，**下塗り・中塗り・上塗り**（仕上げ）の3工程で，それぞれの工程で長短があるが，乾燥時間を必要とする。冬季で凍結のおそれのあるときは，十分な養生ようじょうを行うことが大切である。いずれにしても工期は十分にとる。

6.1　モルタル塗り

壁，軒天井，床のほか布基礎ぬのぎそコンクリートの表面仕上などに用いる。

（1）　下　　地

　ラス下地は，下地板厚12mm，幅80mmを受材心で突き付け5枚ごとに乱*とし，板そばは30mm内外の目透かしとする。受材当たりにくぎ2本打ちとし，その上に防水紙を張る。防水紙は，JIS A 6005（アスファルトルーフィングフェルト）に適合するアスファルトフェルト430，改質アスファルトフェルト又はこれらと同等以上の性能を有するものとし，継目を縦，横とも90mm以上重ね合わせる。

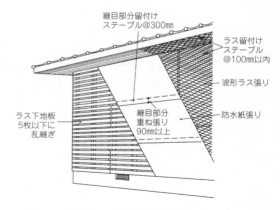

図1−40　波形ラス（メタルラス）張り工法

留め付けはステープルを用い，継目部分は約300mm間隔に，その他の箇所は要所に行い，たるみ，しわのないように張る。防水紙の上に波形ラスを張る。波形ラスは，JIS A 5505（メタルラス）に適合するW700で，防錆処理をしたものを使用し，継目は縦，横とも30mm以上重ね継ぐ。ラスの留め付けは，ステープルで100mm以内に，ラスの浮き上がり，たるみのないように下地板に千鳥に打ち留める（図1−40）。[3]

　下地には，このほか，コンクリート・れんが・ブロック・木毛セメント板がある。

（2）　施　　工

　下塗り・中塗り・上塗りの3回塗り，床コンクリートの上塗りは，コンクリート打ち後，ただちに塗り仕上げる。モルタルの調合は，表1−3による。

　また，モルタル塗りの手順ごとの要点は，以下のとおりである。なお，塗り厚の標準を表1−4に示す。

①　下塗り：コンクリートなどでは，下地をよく掃除し，適度に水で湿らして塗る。ラス下地では，ラスにこすりつけて網目つぶし塗り込み，**むら直し**を行う。

②　中塗り：15mm程度に塗りつけ，十分に平滑に仕上げる。

③　上塗り：中塗りの水引き加減を見計らってから行う。仕上げは，金ごて，木ごて仕上げ，はけ引き仕上げ，のろ（セメントのり）仕上げ，ガン吹き付け，リシン仕上げ，かき落とし仕上げなどがある。

＊　乱：母屋，垂木などの継手位置の目地がそろわないこと。すなわち，継手位置を変えることをいう。

表1−3　モルタルの調合（容積比）

下　　地	塗付け箇所	下塗り・ラスこすり	むら直し・中塗り	上塗り
		セメント：砂	セメント：砂	セメント：砂：混和材
コンクリート コンクリートブロック	床	—	—	1：2
	内　壁	1：2	1：3	1：3：適量
	外　壁 その他	1：2	1：3	1：3：適量
メタルラス ラスシート	内　壁	1：3	1：3	1：3：適量
	天　井	1：2	1：3	1：3：適量
	外　壁 その他	1：3	1：3	1：3
木毛セメント板	内　壁	1：2	1：3	1：3：適量
	外　壁 その他	1：2	1：3	1：3

注1）混和材（剤）は消石灰，ドロマイトプラスター，ポゾラン，合成樹脂などとする。
　2）ラスこすりには，必要であれば，すさ（つた）を混用してもよい。
　3）適量とは，セメントに対する容積比で，無機質系の場合は20％以下，合成樹脂系の場合は0.1〜0.5％以下とし，各々製造所の仕様による。

表1−4　塗り厚の標準

下　　地	塗付け箇所	塗　厚（mm）			
		下塗り・ラスこすり	むら直し	中塗り	上塗り
コンクリート コンクリートブロック 木毛セメント板	床	—	—	—	25
	内　壁	6	0〜6	6	3
	外　壁 その他	6	0〜9	0〜6	6
メタルラス ラスシート	内　壁	ラス面より1mm程度厚くする	0〜6	6	6
	天井・ひさし		—	0〜6	3
	外　壁 その他		0〜9	0〜9	6

6．2　プラスター塗り

　せっこうプラスター塗りは，内装仕上げに用いられる。せっこうプラスターは，現場調合プラスター（下塗り用）及び既調合プラスター（上塗り用・下塗り用）に分類され，製造後4か月以上経過したものは使用しない。[6]

（1）下　　地

　木ずり下地を用いることもあるが，現在はせっこうラスボードを用いることが多い。穴

あきと平板がある。このほか，コンクリート・れんが・ブロック・木毛セメント板などを下地とする場合がある（図1－41）。

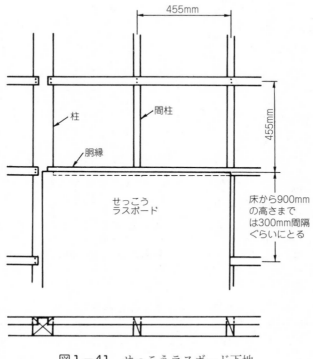

図1－41　せっこうラスボード下地

（2）施　工

　下塗り・中塗り・上塗りに分ける。木ずり下地では，むら直しを行う。

① 　下塗り・むら直し・中塗り：下塗り用プラスターを用いる。せっこうラスボードの下塗りは，ボード用せっこうプラスターを用いる。下塗り，中塗りは，下塗りプラスターに白毛すさを混合する。むら直しは，下塗りの生乾きのときに追っかけ塗りしてよい。中塗りは，下塗りが十分乾燥してから適度に水で湿りを与えてから塗る。

② 　上塗り：プラスターは，塗り厚約1.5mmに薄く仕上げる。

6．3　しっくい塗り

　しっくいは，消石灰に，のり，すさ及び必要に応じて砂を加えて塗り付けた壁材である。しっくい塗りは，古くからある壁塗り工法であり，内外装に用いられる。

（1）下　地

　木ずり下地は，図1－42に示すように，下地板厚7mm，幅40mm，継手は受材心で6枚

程度の**乱継ぎ**とする。板そば7mm内外に目透かしし，いずれも受け材当たりくぎ2本打ちとする。このほか，コンクリート・れんが・ブロックを下地にすることもある。

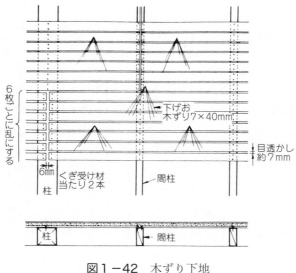

図1-42　木ずり下地

（2）　施　工

下塗り・むら直し・中塗り・上塗りに分けられる。

① 　下塗り：消石灰・砂・のり・すさを混合したものを十分すり込んで塗る。木ずり以外の下地では表面に荒し目を付ける。

② 　むら直し：中塗りは，砂が多い調合を用いる。このとき，むら直し，中塗りのそれぞれについて，木ずり下地では下げおを400mm内外に**千鳥**に打ち付ける。

むら直しは地むらなく，中塗りはちり回りを正しく押さえる。

③ 　上塗り：消石灰・のり・すさを用い，約1.5mm厚に塗る。中塗りの半乾燥のときに水引き加減を見計らって塗る。乾燥し過ぎたときは，**水湿し**を行って塗る。

6．4　土壁塗り

（1）　下　地

小舞下地のほかコンクリート・れんが・ブロック・木毛セメント板を下地にすることがある。ここでは，**小舞下地**について述べる。

柱に通し貫を横方向に入れ，柱，貫から約60mm離れたところに，縦・横に間渡し竹（約10mmの篠竹又は40〜50mmの真竹を4〜8に割ったもの）を約300mm間隔に取り付け，こ

の間渡し竹に，小舞竹を縦45mm，横35mm間隔に割付け，わら縄，シュロ縄などで結ぶ（図
1－43）。小舞竹には，本四つ小舞（径約20mmの真竹の４つ割り），縦四つ小舞（縦は真
竹，横は篠竹の割り竹），並小舞（縦・横とも篠竹の２つ割り）がある。

（２）施　工

下塗り・むら直し・中塗り・上塗りに分け
られる。

① 下塗り：荒壁土とわらすさを混ぜたも
のを荒塗りし，裏なで，裏返しする。裏
返しは，木構造の耐力壁として効果があ
る。戸袋裏は，必ず**裏返し塗り**する。

② むら直し：荒壁が乾燥すると収縮によ
り貫回りに隙間ができ，このままである
と，上塗りに亀裂が出るので，貫に布を
かぶせるか，シュロを張るなどして貫伏
せ土を塗る。柱との接触部（これを**散回**
りという）に布（寒冷紗など）を取り付
けるなどし，散回り土を塗る。このよう
に，柱，貫との接するところに亀裂防止
の処置を行い，これらが，十分乾燥した
ら中付け土をむらなく塗る。

③ 中塗り：むら直しが十分乾燥してから
中塗り土を，薄く，散回りを正しく塗る。

④ 上塗り：中塗りが乾燥したら上塗りで
仕上げる。仕上げは，大津壁，砂壁などがある。

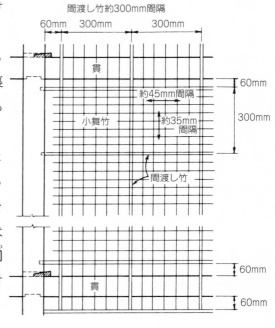

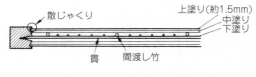

図１－43　小舞塗り壁

第７節　内外装工事

本節では，**タイル工事**と**壁装工事**及び**塗装工事**の仕上げ工事について述べる。

７．１　タイル工事

タイルは，粘土・けい石・陶土・長石などの原料を粉砕・混合して成形し，乾燥後

1100 ～ 1300℃で焼成したものである。内装タイル・外装タイル・床タイル・モザイク
タイルなどがある。

（1）タイル下地

コンクリート・れんが・ブロック下地では，モルタル（セメント1：砂3）で下塗り
し，木造では，ラスモルタル下地をつくり，ラスにこすりつけ網目つぶしの上にモルタル
を塗る。下地モルタルは荒し目を付けておく。床は，排水孔への水垂れ勾配を付けてお
く。参考として，工法別の張付け用モルタルの塗り厚を表1－5に示す。

表1－5　工法別張付け用モルタルの塗り厚

区　分		タ　イ　ル	モルタル塗厚（mm）
外装タイル張り	圧着張り（一枚張り）	小口平，二丁掛程度の大きさまで	4～6
	モザイクタイル張り	50mm二丁以下	3～5
内装タイル張り	積上げ張り（ダンゴ張り）	各種	15～40
	圧着張り　一枚張り	100mm　108mm　150mm　200mm	3～4
	圧着張り　ユニット張り	150mm以下	3～4
	モザイクタイル張り	50mm二丁以下	3～5
	接着剤張り	300mm角以下	2～3

（2）タイル張り付け

配管・隅・角の納まりを見苦しくしないように目地割り<small>（めじわり）</small>をする。

下地は，水で湿らし，モルタル（セメント1：砂3）で張り付ける。

目地幅は1.5 ～ 4.5mm程度にとり，張り上がってから白色セメントなどで化粧目地を付
ける。

タイルに付いたセメントは，早いうちにふき取る。ふき取りが難しいときは，薄い塩酸
でふく。

7．2　合成高分子系タイル工事

工場生産されたビニルタイルのような床に用いるタイルを接着剤で下地に張り付けて床
仕上げとする工事である。

（1）下　地

コンクリート下地ではモルタル（セメント1：砂2～3）で15mm以上の厚さに金ごて
で平滑かつ平坦に仕上げ，よく乾燥させる。乾燥が不十分であると，あとで接着不良を起
こす。通常で3週間以上は乾燥させる。

　木造下地では，よく乾燥した縁甲板の上に合成Ｉ類（耐水合板）の耐水ハードボードなどの耐水性のある平坦な板を，くぎ頭が出ないように打ち込んで取り付ける。

　タイルの接着面には，油・ペンキなどの接着を妨げるものが付いていたら取り除いておく。

（2）　張り付け

　出入口・柱付き・床下改め口そのほか切付け部の切り込み及びはぎ目は隙間のないように合わせる。

　下地面にプライマーを塗り，接着剤をくしごてで下地面に平均に塗布し，また，必要に応じてタイル裏面にも塗布して**べた張り**する。

　張り付け後は，表面に出た余分な接着剤を直ちにふき取り，下地との間に空気が残らないように，タイルの上から押し付ける。

7．3　木質系フローリング張り工事

　フローリングは，木材の単板をブロック状又は長物（フローリングボード）に加工したものがある。

（1）　フローリングボード

　施工には，下張りを行わずに，直接，フローリングを根太の上に，接着剤を併用してくぎ打ちで張り込む**根太張り工法**と，下張り用床板を張った上に，接着剤を併用して，フローリングをくぎ打ちで張り込む**直張り工法**（図1-44）がある。[6]

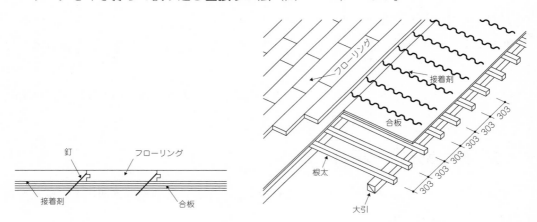

図1-44　直張り工法

（2）　フローリングブロック

　施工には，フローリングブロックの側面に付けた足金物をモルタル中に埋め込む湿式工法と平滑に仕上げたコンクリート床にエポキシ樹脂系接着剤で張り付ける工法がある。

7.4　壁装工事

　壁装工事は，ボード下地，モルタル下地などに壁紙や布を張る工法で，張り方には，**直張り工法**と**下張り工法**がある。

　壁装材とその特性は表1－6に示すとおりである。壁紙は用いられる場所，コストなどの設計条件に合わせて選定しなければならない。

表1－6　壁装材（壁紙）の分類と特性

素材	分類	特性
紙	加工紙 … 色紙，プリント紙，エンボス紙 紙　布 … 紙製織物 和　紙 … 鳥の子紙，襖紙	・通気性がある ・施工が容易 ・薄手のものは下地精度が要求される ・水気，摩擦に弱い
布	織物壁紙 … 平織，綾織，朱子織 麻　布 … ヘンプクロス，ヘシャンクロス，寒冷紗 葛　布 … 葛，葦の茎などの織物 不織布 … 植毛壁紙，フェルト	・通気性がある ・織物特有のテクスチャー ・端部がほつれやすい（ほつれ防止加工品あり） ・汚れが落ちにくい ・伸縮するため施工に熟練を要す
ビニル	普通ビニル壁紙 … エンボス（型押し），プリント 発泡ビニル壁紙 塩ビチップ壁紙	・安価で施工性に優れ，広く普及している ・水洗いができ汚れが落としやすい ・印刷，表面成形によってさまざまなパターンがある ・通気性に乏しくかびが生えやすい（かび防止加工品あり） ・冷たい質感
無機質	ガラス繊維壁紙，水酸化アルミ壁紙	・防火性能に優れる
木質	天然木，コルク	・天然素材のもつ柔らかく暖かい質感

（1）　接着剤及び下地調整材

ａ．接着剤

　壁紙の接着剤は，下地の種類，壁装材の種類，施工性などを考慮して選定する。せっこうボード及び合板を下地とする場合に用いる接着剤は，JIS A 6922（壁紙施工用及び建具用でん粉系接着剤）の規格に適合するものとする。[7]

ｂ．下地調整材

　下地調整材は，下地と壁装材との接着障害を取り除き，接着性，施工性，変色などを防ぐ目的で**シーラー**を使用する。図1－45に示すように，石こうボードなどの継目部は，ジョイントテープ又はグラスメッシュテープで補強した上で，パテを塗り平滑にする。[7]

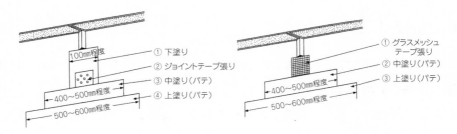

図1−45　せっこうボード（ベベルエッジボード，通称Ｖボード）の継目処理工程図

（2）下　　地

　壁装下地は，**湿式工法**によるものと**乾式工法**によるものがあり，図1−46に示すような種類がある。

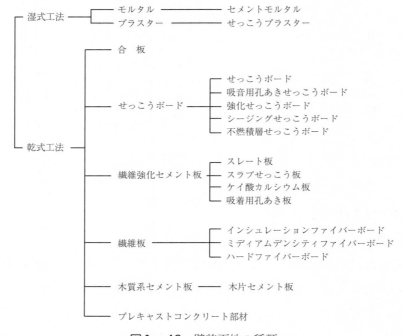

図1−46　壁装下地の種類

　乾式下地を用いる場合は，くぎ頭やビス頭はボード面より沈めるように納め，必ずさび止めを塗り補修する。下地継手部及び入隅部などはジョイントテープで補強しパテ仕上げする。また，出隅部は，プラスチック製のコーナービードで補強する。下地の平滑度は，上張り材料の種類により異なる。その程度の目安は次のとおりである。

　①　平滑さが特に要求されるもの：反射しぼ柄のビニル壁紙，メタリック調の壁紙，光沢のある壁紙

②　通常の平滑さが要求されるもの：薄手の壁紙

③　比較的平滑さが要求されるもの：厚手の壁紙，高発泡のビニル壁紙

下地の色違いは，厚みの薄い壁紙によっては下地の色違いが透けて見える場合があるので，下地の色は均一にする。

接着面は，吸水性の差が接着不良となる場合があるのでシーラーを塗布し，その影響を防ぐ。

（3）　施　　工

壁紙の張付け工法には，下張りと上張りの組合せにより，直張り工法と下張り工法の2種類があり，一般に用いられている直張り工法は，壁紙・布類を直接下地に施すものであり，その工程は次のとおりである。[7]

①　接着剤を，糊付け機等を用いて壁紙・布類の裏面全体にむらなく塗布する。

②　継目は，模様を合わせ，色むら，柄違い，ねじれのないように張り付ける。

③　糊付けした壁紙，布類は，周囲に隙間なく張り付けるために，なでバケ又はローラーを用いて均一になで付ける。

④　張り仕舞は，下地に傷をつけないように切断し，ローラーで十分に圧着する。

⑤　表面についた接着剤は，清浄な濡れたスポンジなどでふき取る。

7. 5　塗装工事

塗装工事の目的は，素材の表面の保護と色彩・光沢などの美装性にある。したがって，塗装されたものは，耐久性のある美しい塗膜を持つ必要がある。そのためには，正しい塗料の選択と正しい施工を行わなければならない。

（1）　塗　　料

塗料の種類は多種多様であり，その分類の方法も数多い。表1－7に，被塗物に対する塗料の種類について示す。

表1－7　被塗物と塗料の種類

木　部・木　製　品	屋　　内	調合ペイントは内部用のものを用いる。美装したいときは，フタル酸樹脂エナメル，各種の合成樹脂エナメルを用いる。透明塗装にはセラックニス，クリヤラッカー，油性ワニス，フタル酸樹脂ワニス，ポリウレタン樹脂ワニスがよい。
	屋　　外	一般には調合ペイントを用いる。美装したいときにはフタル酸エナメルを用いる。
一　般　鉄　製　品・鉄　骨	屋　内　外	少なくともさびは促進させないこと。防食の目的で，下塗りにはさび止め塗料を施し上塗りには調合ペイント，フタル酸樹脂エナメル，ラッカーエナメル，アルミニウムペイントなどが用いられる。
ア　ル　ミ　ニ　ウ　ム　材		熱膨張率が大きく，塗装しても塗膜がはがれやすいので化学薬品などで前処理をする。エポキシ樹脂クリヤ，アクリル樹脂クリヤを用いる。
亜　鉛　め　っ　き　鋼　材		アルミニウムよりさらに化学的変化を受けやすい。さび止め用にはクロム酸亜鉛顔料を用いたプライマーがよい。アルキド樹脂，油性ペイントが用いられる。
鋼　　製　　建　　具		素地調整は上記と同じ。ラッカーエナメル，アルキド樹脂が用いられる。
コンクリート・モルタル・しっくい・プラスター・スレート・フレキシブルボード	屋　　内	素地はごみ・汚れ・しみ・やになどを入念に除去し，乾燥した清浄な面とする。塩化ビニル樹脂，アクリルエマルション，酢酸ビニルエマルション，ゾラコート，京壁。
	屋　　外	ごみ・汚れなどを除去し，乾燥した清浄な面とする。アクリルエマルション，塩化ビニル樹脂。

（2）　塗　　装

塗装の工程は，建築学会標準仕様書（JASS 18，塗装工事）に示されている。

ａ．塗装方法

塗装方法には，はけ塗り，スプレー塗り，ローラー塗りなどがあり，目的によって使い分けている。

① 下ごしらえ：下ごしらえは，塗装しようとする面の付着をよくするための作業，又は素地の汚れ・欠陥などを修正する作業のことをいい，材料の種類によって方法が異なっている。

木部塗装の下ごしらえ手順

汚れの除去 → 研　磨 → やに処理 → 節止め → 穴埋め

鉄部塗装の下ごしらえ手順

汚れの除去 → 研　磨 → さび落とし → 化成処理

② 塗り方：塗装の工程は，塗料の種類により異なるが一般的には次のように行う。

素地ごしらえ → 下塗り → パテかい → 研磨 → 中塗り → 研磨 → 上塗り

7. 6　外壁工事（乾式工法）

　建物の外壁工事には，湿式工法，乾式工法及びそれらを併用したものがある。湿式工法のうち，モルタル塗りとタイル工事については前述のとおりだが，近年よく用いられているのは，**乾式工法のサイディング工事**である。

　サイディングには，セメント質原料と繊維質原料を用いてボード状にした**窯業系サイディング**，**金属系サイディング**等がある。留め付けは基本的に専用のくぎを用いるが，最近では専用の受け金物を用いて留め付ける工法も用いられている。縦胴縁を用いたサイディング張りは図1−47(a)，横胴縁を用いたサイディング張りは図1−47(b)，それらの出隅部の取合いは図1−47(c)，留付け金具を用いる場合は図1−47(d)のようになる。

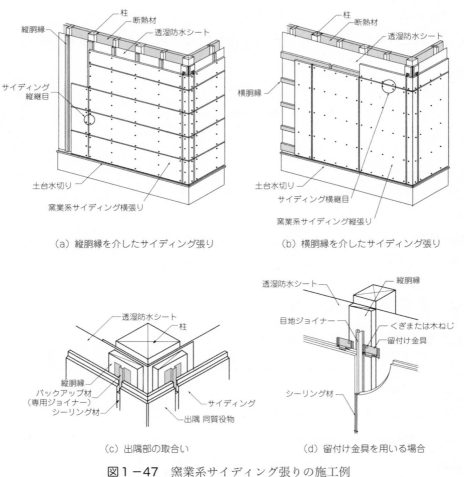

（a）縦胴縁を介したサイディング張り　　　（b）横胴縁を介したサイディング張り

（c）出隅部の取合い　　　（d）留付け金具を用いる場合

図1−47　窯業系サイディング張りの施工例

第8節　建　具　工　事

　建具は，木製建具，金属製建具及び樹脂（プラスチック）製建具に大別される。

　用途の分類では，出入口としての機能を持つドア・シャッター類と採光や換気を目的とした窓類に分けられる。

8．1　木 製 建 具

　木製建具には，ドア・障子・ふすま・ガラス戸・格子戸・板戸などがある。木製建具は，注文製品がほとんどで既製品は少ない。

　使用木材は，含水率15％以下の狂いの少ないものを用いる。

　建具用接着剤には，フェノール樹脂系・ユリア樹脂系・酢酸ビニル系が用いられる。

　建具の製作は，注文生産が多いので優良な製作工場を選定する必要がある。

　製品検査は，

①　見付け及び見込み寸法，仕上がり寸法，ねじれ・反り，直角度の狂い

②　かんな削りの程度，取合い・組付け部，面との取合い，各部の目違いなどの仕上がり状態

③　ほぞ・仕口・各部の構法

④　框（かまち）の欠損，傷の有無

などである。

　建具の建付けは，柱・枠・鴨居などの反りや倒れを調査したうえで，框を削って合わせる。建付け検査は，扉・障子のねじれの状態，所定のちりの確保など，状態を調べる。

8．2　アルミニウム合金建具

　アルミニウム合金建具には，規格品と注文品がある。

　建具は，枠の内法（うちのり）幅・内法高さで大きさを示す。ただし，ドアの内法高さは，床仕上げ面からの寸法で示す。

　アルミニウム地金以外の色の指定があった場合は，自然発色，着色により色を付ける。

　取付けは，**先付け工法**と**後付け工法**がある。**先付け工法**は，コンクリート型枠工事時に取り付けておきコンクリート打設をする。この工法は，位置，養生に注意する。**後付け工法**は，木造，鉄筋コンクリート造，鉄骨造など多くの建物に使用されている。

8．3　鋼製建具

　鋼製建具には，規格品と注文品がある。鋼製建具は，アルミニウム合金建具に比べて雨仕舞に弱点があり，外部に使用する場合には，雨仕舞の検討をする。

　鋼製建具の寸法は，アルミニウム合金建具と同様に示す。また，取付け工事も同様である。

8．4　樹脂（プラスチック）製建具

　アルミサッシや鋼製サッシは熱伝導率が大きいため断熱性能が低く，結露を生じやすい。樹脂（プラスチック）製建具はこれらに対して熱伝導率が小さく，複層ガラス等とともに用いることにより，高い断熱性能を発揮し，寒冷地でも結露が生じにくい。

8．5　サッシの取付け

　サッシ（窓枠）取付けの納まりは，耐力壁仕様（筋かい，構造用面材）の違いや外壁内通気層の有無，断熱材の施工位置，外壁仕上げ材の種類等，その組合せにより構成方法が異なる。図1－48に参考例を示す。

　外部開口部の窓台には，先張り防水シートを張り，窓台と柱の入隅部は，防水テープ又はサッシ枠材角部の防水役物等を用いて隙間が生じないように防水処理を施す（図1－49）。[3]

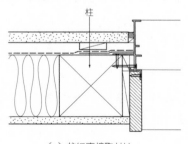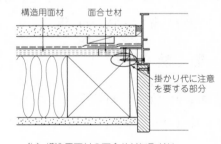

（a）柱に直接取付け　　　　　　　　（b）構造用面材の面合せ材に取付け

図1－48　サッシの取付け納まり例（半外付けサッシの場合）

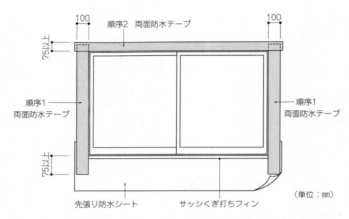

図1-49　サッシまわりの防水テープの貼り方例

8. 6　サッシの遮音性能

　建築物の外壁の窓として使用するサッシの遮音性能については，JIS A 4706（サッシ）で規定されている。等級はT1，T2，T3，T4に分類され，Tの値が大きいほど遮音性能が優れており，T1等級では，周波数500Hzで25dBの遮音効果がある。

第9節　断　熱　工　事

　断熱工事は，建物の保温又は遮熱効果の向上の目的で，寒冷地住宅への適用から始まった。その後，次世代エネルギー基準や**住宅の品質確保の促進等に関する法律（品確法）**など国による住宅の省エネルギー政策により，高断熱工法が普及してきている。

9. 1　断　熱　材

　断熱材は，熱伝導率が0.065W／（m・K）以下の材料を指す。主な断熱材は，グラスウール，岩綿（ロックウール），発泡プラスチック（ポリスチレンフォーム，硬質ウレタンフォーム，ポリエチレンフォーム，フェノールフォーム），セルローズファイバーなどがある。

　断熱材の保管・取扱いについては，断熱材が雨などによって濡れることがないよう十分に配慮する必要がある。また，グラスウールなどの無機繊維系断熱材については，断熱材の上に重量物を載せないようにし，発泡プラスチック系断熱材については，火気に十分注意する必要がある。[3]

9.2　断熱工法

　建築物のエネルギー消費性能の向上に関する法律では，地域差を考慮して日本列島を8地域に区分し，**外皮平均熱貫流率**（U_A値），**冷房期の平均日射熱取得率**（η_A値）が定められている。外皮平均熱貫流率は，住宅外周部の部位ごとの構成部材の仕様によって異なるため，所定の性能を発揮するためには，必要十分な断熱性能を持つ材料を適切に施工しなければならない（図1−50）。

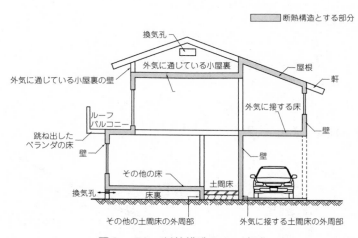

図1−50　断熱構造とする部分

　断熱工法の種類には，柱と柱の間にグラスウールなどの繊維系断熱材や，発泡系のプラスチック断熱材を施工する充填断熱工法，外壁面や基礎・屋根を外側からプラスチック系断熱材で覆う外張り断熱工法及びそれらを組み合わせた工法などがある。住宅を高断熱化する場合は，気密化も同時に行うとより効果的である。

　特に，繊維系断熱材による充填断熱工法の場合，断熱が十分でも気密が不十分だと断熱性能が低下するだけでなく，室内の水蒸気が壁体内の断熱材に侵入し，内部結露を起こす可能性もある。図1−51に示す箇所は，断熱材の隙間が生じやすく，施工に注意する必要がある。

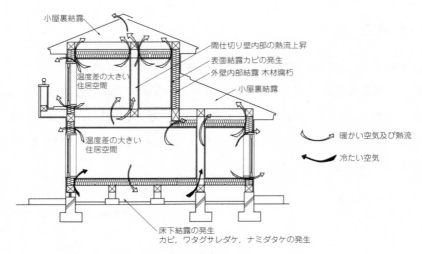

図1−51　断熱材の隙間が生じやすい箇所

　具体的な施工法は，各種断熱材の施工マニュアルを参考として，適切な納まりとなるよう施工する必要がある（図1−52）。

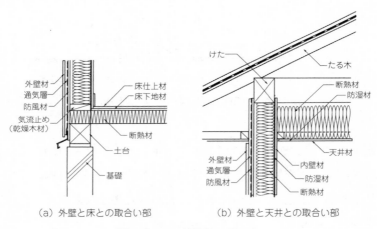

（a）外壁と床との取合い部　　　　（b）外壁と天井との取合い部

図1−52　断熱材の施工例

第10節　防　火　仕　様

10. 1　3階建て住宅等の防火仕様

　準防火地域に建設する3階建ての住宅は，防火に関する技術基準告示などに基づき防火設計を行うことになっている。技術基準に基づく標準的な防火仕様の主要なものは，次の

とおりであり，特に図1−53及び図1−54に示すような**防火被覆**のひふく施工に当たっては，**当て木**などを取り付けて，外壁内や天井裏に火気の進入を防ぐ効果を上げることとしている。

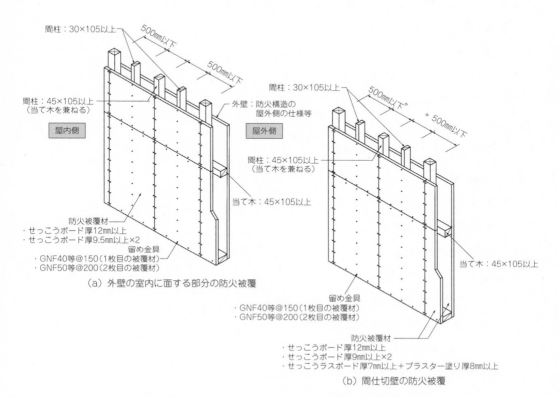

図1−53　外壁の室内に面する部分の防火被覆の参考例

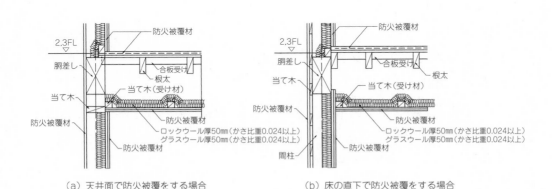

（a）天井面で防火被覆をする場合　　　（b）床の直下で防火被覆をする場合

図1−54　天井などの防火被覆の参考例

① 　外壁の開口部の構造及び面積の制限

　　1) 　隣地境界線などからの水平距離が1m以下の外壁の開口部の構造

　　2) 　隣地境界線など又は道路中心線からの水平距離が5m以下の場合の開口部の構造及び面積の制限

② 　外壁の構造

　　1) 　外壁の室内側の防火被覆

　　2) 　防火被覆の取合いなどの部分の構造

③ 　軒裏の構造

④ 　主要構造部である柱，梁の構造

　　柱，梁の小径など

⑤ 　床又はその直下の天井の構造

　　燃え抜けが生じない仕様

　　1) 　天井の防火被覆

　　　a) 　天井の防火被覆

　　　b) 　防火被覆の取合いなどの部分の構造

　　2) 　床の裏側（根太下端）の防火被覆

　　　a) 　床の裏側の防火被覆

　　　b) 　防火被覆の取合いなどの部分の構造

⑥ 　屋根又はその直下の天井の構造

　　燃え抜けが生じない仕様

　　1) 　天井の防火被覆

　　　a) 　天井の防火被覆

　　　b) 　防火被覆の取合いなどの部分の構造

　　2) 　屋根の裏側（垂木下端）の防火被覆

　　　a) 　屋根の裏側の防火被覆

　　　b) 　防火被覆の取合いなどの部分の構造

⑦ 　3階の室の部分と他の部分との区画

⑧ 　階段

⑨ 　間仕切壁

第1章の学習のまとめ

　この章では，木造建築は木工事が主体であるが，良い仕事を行うために必要な各種関連工事を含めた施工全般の知識について学んだ。

【練　習　問　題】

　次の各文の（　　）の中に適切な語句を入れなさい。

（1）　建築工事は，各種の工事の総合でまとめあげられるもので，それぞれの工事に必要な期間があり，他の工事との関連，前後の関連もある。

　　　工事の進行を表にしたものを工程表という。（　①　）は，各工事が工期のどの時期に開始し，どの時期に終了するかが比較的わかりやすく一般に多く用いられている。（　②　）は，各種工事の前後関係や影響度合が適確に表現されており，より高度で詳細な施工計画や管理に適している。

（2）　国土交通省 公共建築木造工事標準仕様書によると，足場，仮囲い等の設置や使用時においては，労働災害防止のために必要な保護具（（　①　），（　②　））の着用，使用が必要である。

（3）　遣方の設定は，外周の通り心から約（　①　）外側に水ぐいを打ち，水平に水貫を取り付ける。

　　　水ぐいは，45～75mm角程度の角材を用い，根入りは容易に動くことがないよう堅固に打ち込む。水ぐいの間隔は約（　②　）程度となるように配置する。

（4）　基礎コンクリートの養生について，コンクリートの打設後は，硬化中のコンクリートには有害な衝撃を与えないようにし，（　①　）時間はその上を歩行してはならない。

（5）　基礎天端への土台据え付け位置の墨出しは，基礎の中心にアンカーボルトがあるので心墨は付けられないため，基礎心より30mm外側に（　①　）を打つ。

（6）　建て方工事において，柱や桁などの骨組みが建てられた後，柱は必ずしも垂直ではないため修正する必要がある。これを（　①　）という。

（7）　フローリングボード張り工事の工法は，下張りを行わずに，直接，フローリングを根太の上に，接着剤を併用してくぎ打ちで張り込む（　①　）と下張り用床板を張った上に，接着剤を併用して，フローリングをくぎ打ちで張り込む（　②　）がある。

（8）　建具工事において，外部開口部の窓台には，（　①　）を張り，窓台と柱の入隅部は，防水テープ又はサッシ枠材角部防水役物等を用いて隙間が生じないように止水処理を施す。

（9）　断熱材の保管・取扱いについては，断熱材が（　①　）などによって濡れることがないよう十分に配慮する必要がある。また，発泡プラスチック系断熱材については，（　②　）に十分注意する必要がある。

《参考文献》

1）　国土交通省大臣官房官庁営繕部監修「公共建築木造工事標準仕様書　平成31年版」一般社団法人公共建築協会

2）　国土交通省大臣官房官庁営繕部監修「公共建築木造工事標準仕様書　平成31年版」及び「建築工事監理指針　令和元年版（上巻）」一般社団法人公共建築協会

3）　住宅金融支援機構「フラット35対応木造住宅工事仕様書　2019年版」井上書院

4）　「木造家屋建築工事の作業指針　作業主任者技能講習テキスト」建設業労働災害防止協会

5）　建築現場大辞典＋写真帖＋ＤＶＤビデオ　㈱エクスナレッジ

6）　国土交通省大臣官房官庁営繕部監修「建築工事監理指針　令和元年版（下巻）」一般社団法人公共建築協会

7）　「建築工事標準仕様書・同解説JASS26内装工事」日本建築学会

第2章

工 作 法

　工作技能は教科書のみで学べるものではなく，実技実習が必要である。また技能は実習だけで向上するものではなく，多くの知識が必要である。これから学ぶ**工作法**は，実技実習時間に，又は教室で学ぶこともあるが，いずれも工作技能の向上に大切なものである。

　建築大工は，設計図・仕様書を見て，正しい知識と技能で家を建てる。建築主・設計者は建築大工の技能を信頼し，仕事を任せるもので，建築大工は，常に技能の向上に努力しなければならない。ここで学ぶことは，建築大工に必要な工作技能のすべてではない。実際に仕事を行うには，まだまだ多くの知識と経験が必要である。

　工作法では，**工具類の構造・使い方・手入れ**，**木材の切組み**，**造作材の取付け**などについて学ぶが，合わせて大切なことは，工作作業時の態度である。工作技能は，自分の体で学びとるものであり，常に，体全体を上手に配分して使い，手を動かしているときでも，目・耳・足，そして体全体をその作業に集中させなければならない。このことは，実習中に学ぶが，学科で学ぶときも，体で感じをつかむようにする。

　工作実習では，工具類の使用でけがをしやすい。これは，注意力の不足もあるが，工具類の扱い方に関する基礎知識が不足しているために起こることも多い。また木工機械や電動工具は扱い方を誤ると，一瞬にして手足に傷を負い，生命にかかわることもある。正しい知識を身につけて安全作業を行うことが，自分のためにも大切なことである。

第1節　手工具工作

木材工作用手工具には，次のものがある。

① 寸法，勾配角度の測定と墨付けに用いる工具：さしがね（指矩），墨つぼ，墨さしなど

② 切断に用いる工具：のこぎり（鋸），カッターなど

③ はつり（荒削り）に用いる工具：ちょうな（手斧・釿），まさかり（鉞）

④ 削りに用いる工具：かんな（鉋）

⑤　うがつ（穴あけ）のに用いる工具：のみ（鑿）

⑥　叩くのに用いる工具：玄能，金槌，木槌，掛矢

⑦　工具の手入れに用いるもの：砥石，やすり

⑧　その他：くぎ締め，きり（錐），ドライバー（ねじ回し），スパナ，けびき（罫引）など

　これらの手工具の種類は極めて多い。木造建築はわが国の伝統建築で，長い歴史を有し，この間に様々な手工具がつくられてきた。また，それらの機能の部分を効率化した電動工具がつくられ，さらに，大型の木工機械がある。小型電動工具又は大型木工機械にはそれぞれの利点があるが，すべてを電動機の利用ですませられるものではない。木造建築の細部では，手仕事で精度を得なければならないことが多い。また，電動工具類を使用するにも，手工具でひととおりの体験を得ることが上手に使いこなす基本である。

1．1　規矩用具類

　寸法や勾配角度の測定，墨付けに用いる工具には，さしがね，墨つぼ・墨さし，直角定規（スコヤ）・自在定規（斜角定規），けびき，コンベックスルール，スケール（直尺・定規），勾配定規，コンパスなどがある。

（1）　さしがね

　さしがねは，主にステンレス鋼でつくられており，そのさおは，中央部と両縁の厚みをそいで薄くしてある。これは，さおを容易に反り曲がらせないためと，墨さしで線を引くとき，さおと木材との間に適度の隙間ができて，墨汁が広がらないようにするためである。さしがねの，さおの長い方を長手，短い方を短手又は妻手という。

　さしがねの目盛は，表面に1cm刻みに大目盛が，さらにその中間に5mmの中目盛と1mmの小目盛が長手・短手にそれぞれ目盛られている。裏面の一部に1cmの正方形の対角線の長さ（$\sqrt{2}$＝1.414cm）を単位に目盛り，これをさらに，1／5に細目盛りした裏目（角目）が刻まれている（「第3章　規矩術」で学ぶ）。裏面には，このほか，丸目尺（1／π）が目盛られているものもあり，この目盛を円の直径に当てると，その目盛が円周長を示す（図2−1）。

　さしがねの用途は，目盛を用いて長さを測ることのほか，次の使用法がある。

①　直角定規としての使用（図2−2(a)）

②　面の平面の検査：面に当て，さしがねとの隙間の有無で平らであるかを見る。

③　勾配の作図：勾配b／aを作図するには図2−2(b)のようにすればよい（「第3章

規矩術」で学ぶ）。

④ 長さの分割：例えば，幅が40cmの板を6等分するには，さしがねで，6の倍数の，例えば48cmになるようにさしがねを当て（斜めでよい），さしがねの目盛の8cmの倍数をとれば6等分できる（図2－2(c)）。

⑤ さしがねの幅を利用して平行線を引く：さしがねの幅は，一般に15mmで，この幅を利用するのも便利である。

⑥ 小端を立て，湾曲させて曲線を描く定規に用いる。

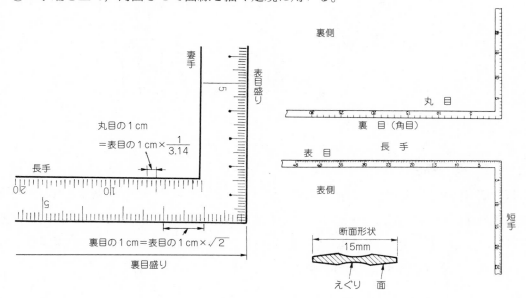

図2－1 さしがね

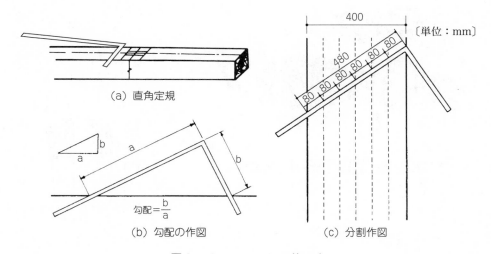

（a）直角定規

（b）勾配の作図

（c）分割作図

図2－2 さしがねの使い方

⑦　さしがね２本を使って，材のねじれを調べる：材に**心墨**（しんずみ）を引き，図２－３のようにさしがねを木口の心墨に合わせて立て，２本のさしがねを見通す。このとき，ねじれがあると見通したときのさしがねは一致しない。ねじれが少ない場合は案分し，多い場合はねじれを見通して心墨位置を修正する。

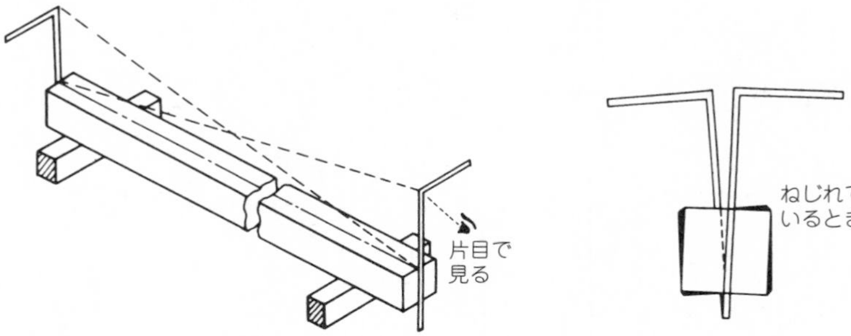

図２－３　ねじれ調べ

(2)　墨つぼ・墨さし

墨つぼ（図２－４）は，つぼ糸を利用して材面に長い直線を，また，湾曲した材，凹凸のある材面にも長い直線を正確に引くことができる。普通，黒い墨を用いるが，造作の墨付けなどには，墨の代わりにべんがらや朱（しゅ）を使うことがある。材質は木製や樹脂製がある。つぼ糸の巻取りにぜんまいばねを利用した自動巻のものもある。

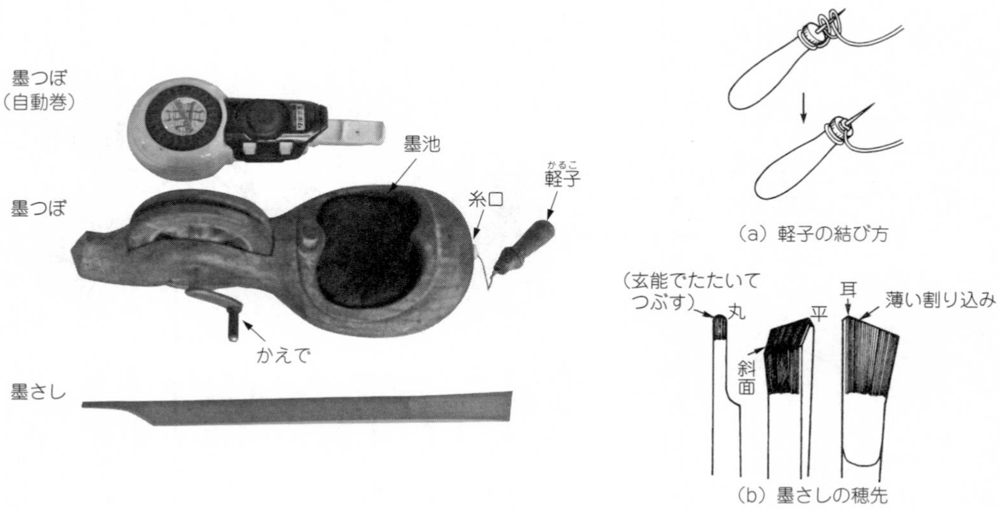

図２－４　墨つぼと墨さし

墨打ちをするときは，軽子（仮子）を材面に確実に刺し，つぼ糸をやや強く張って，材面に対し直角につまみ上げて指を離す。つぼ綿に染み込ませる墨があまり多いと，墨打ちしたときに墨が散ることがあり，墨が少ないとかすれる。

墨さしは，材料に線や文字・記号を印すための道具で，鉛筆や筆と同じ役目を持っている。材質は肉厚の竹材が一般的であるが，金属製や樹脂製ものもある。

へら状に削った割込みのある穂先は，さしがねを定規にして，線引きなどに使用し反対側の筆の方は文字，記号，寸法を書くのに用いる。

（3） 直角定規・自在定規

材に当たる面が幅広で，正確な角度を定めることができ，造作などで特に精度を要求するときに用いる（図2－5）。

直角定規は，直角の線引き，又は直角を調べるのに用い，金属製や木製の木矩がある。自在定規は，斜角定規又は自由矩ともいわれ，任意の角度に調整でき，角度の移しに用いる。

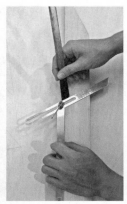

図2－5 直角定規・自在定規

（4） け び き

けびき（罫引）は，材の面に平行な筋を付ける。墨と違い，けびきは刃で切り込むので，削りしろをとるときなどに用いる。筋を深く切り込んで板を割る割りけびきや，棹とけびき刃が一体になった鎌けびきがある。刃は，手前の方へ0.5mm程度開き勝手とする（図2－6）。これは，刃先を外側に寄せる力が働き，定規面を材料側に引き寄せる作用となり，けびきの筋を片寄らなくするためである。

割りけびき　　　鎌けびき

図2－6 け び き

1．2　のこぎり

（1）　のこぎりの種類

　のこぎり（鋸）は，木材を繊維方向と平行に挽（ひ）くのに用いる**縦びきのこぎり**と，繊維方向と直角に挽くのに用いる**横びきのこぎり**に大別できる。また，のこびきする材の条件により，種々ののこぎりが考案されている。主なものを次に示す（図2－7）。

　両刃のこぎり：縦びき，横びきの両刃のこぎりで，幅がやや広い。

　胴付きのこぎり：歯が細かく，引き肌がきれいで，精度の要求されるのこびきに用いる。薄身なので，背に補強用背金が付いている。歯は，横びき用である。

　替刃のこぎり：刃が着脱式で片刃と両刃がある。片刃は横びき用が多く使われてきたが，最近は縦横斜めびきのものもある。摩耗した刃は目立てをせず，取替え刃と交換して使うようになっている。

　あぜびきのこぎり：縦，横びき両刃付きで，溝びきに用いる。

　回しびきのこぎり：細身で，曲線を挽くのに用いる。

　弓のこ：金属材料の切断に用いる。

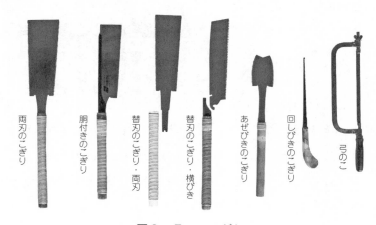

両刃のこぎり　　胴付きのこぎり　　替刃のこぎり・両刃　　替刃のこぎり・横びき　　あぜびきのこぎり　　回しびきのこぎり　　弓のこ

図2－7　のこぎり

（2）　のこぎりの構造

　のこぎりの各部の名称を図2－8に示す。

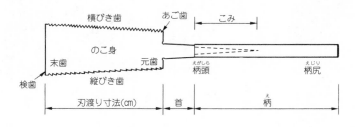

横びき歯　　あご歯　　こみ　　のこ身　　末歯　　元歯　　柄頭（えがしら）　　柄尻（えじり）　　検歯　　縦びき歯　　刃渡り寸法(cm)　　首　　柄（え）

図2－8　のこぎりの各部の名称

a．のこぎりの身

のこぎりは，薄い鋼板の側部に多くの歯をつくり出し，焼入れしたもので，鋼質は適度に硬く，しかも粘りがあり，鋼板には透斑（厚いところと薄いところ）がなく，腰の強いものがよい。

末身は幅広く，元身に近づくに従って幅が狭くなり，厚さは増してある。これはのこぎりを挽きやすい形に整え，薄い鋼板の弱さを幅で補い，幅の狭い部分は厚さで強め，作業能率とのこぎりの強さを調和させている。構造材の工作には刃渡り寸法27〜36cm，造作には21〜27cmぐらいののこぎりが適当である。のこぎりの呼称寸法（8寸鋸・9寸鋸・尺鋸）は刃渡り寸法に首の一部（3cm程度）を足した長さである。

b．のこぎりの歯（図2−9）

横びきの歯：おのおのの歯を小刀のようにつくり，末歯から元歯まで大きさが同じである。

縦びきの歯：歯の形は三角形で，1枚1枚の歯が溝かんなと同様の働きをして，木材を繊維と平行に削り切る。歯は元歯から末歯になるに従い，次第に大きくなっていて，挽くときの加速を利用し，大形の歯も小形の歯と同じ力で挽けるようにつくられている。歯の長さは，長短なく，刃先のとおりは，やや中高に正しくそろえる。

図2−9　のこぎりの歯

c．あさり

のこぎりの歯は1枚ごとに左右交互に少し曲げてある。これをあさり（目振り・歯振りともいう。）という。あさりによって，のこ身の厚さより幅の広いひき目をつくり，切り口とのこ身の摩擦を和らげ，のこびきの抵抗を少なくしている（図2−10）。

あさりは左右の開きが平均でないと，開きの大きい方へひき目が曲がる。また，歯の長さが左右不ぞろいであると，高い側へ切り口が傾く。末歯の末端の1枚を検歯と呼び，ほかの歯よりやや低くつくり，歯列を検査する定規として，併せて頭部ののこぎりの歯を保護する。

　のこ身のひずみを補正（これを腰入れという。）し，歯のあさり出しや刃先をやすりで研磨調整する作業を目立てという（図2－11）。歯が摩耗したら，目立てをせずに刃を交換する替刃のこが，市場の大半を占めている。

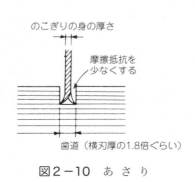

図2－10　あさり

図2－11　目立て作業

（3）　のこびき

　のこびきは，墨線に従って正しく切る。のこびきの要点を次に示す。

a．のこぎりの種類の選定

　縦びき・横びき，又は胴付きのこぎりを用いるかなど，のこぎりの種類を定める。

b．木材をしっかりと固定する

　このとき，のこぎりの先端が床に触れないよう工作台又は作業台の上に載せる。

c．のこびきの姿勢（図2－12）

　利き手で柄尻を反対の手で柄頭を握り，利き手側の足を後ろに引く。引いた足は，のこぎりを刃渡りいっぱい動かしたときに，利き手が当たらない位置で半歩開いて構える。

　片手びきの場合は利き手で柄尻を握る。肩や手先の力を抜き，利き手の指3本（中指，薬指，小指）でひくつもりで柄を握り，反対の手は添える程度の気持ちで軽く握る。いつも鼻すじがのこぎりの真上にあるようにして，両目はのこぎりの両側を等分に注視し，のこ身とひき墨が一直線になるように見通す。

　横びきは利き手の反対の足を材料に乗せる。縦びきは，材料（板類，ひき割り，ひき角）により乗せる足を使い

図2－12　のこびき姿勢

分けるが，いずれも利き手側の足を下げる。体重は，木材の小返りを押さえるために，木材に乗せた足のほうにかけ，反対の足は体の揺れを防ぐ程度に軽く構える。

d．ひき始め

材面でのこぎりが**小躍り**しないように，親指の節角を案内として，のこぎりの元歯を静かに動かしてひき目を付ける。のこぎりと材との角度は，約30°で当てるのが普通であるが，ひき始めは，ひき割りなどの厚い材では急角度に，薄板では小さな角度にする（図2－13）。

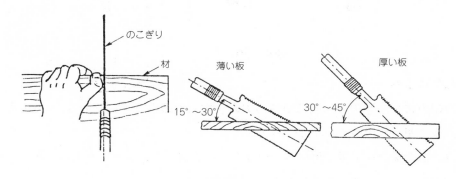

図2－13　ひき始めと角度

e．ひ き 方

のこぎりの角度をわずかに変えながら，上端，向こう側面を一定の角度で交互に引き込み，極端に波を打つようなひき方をしない。のこぎりは大きく前後に動かして刃渡りいっぱいに動かす。常に，のこぎりの真上からひき墨を見通し，利き手は振り子のように同じ軌道をたどらせる。頭を振って横からのぞき込むと，体の軌道が回転運動になりのこ道がひき墨から外れる原因となる。

1. 3　の　　み

のみは仕口や継手をつくるのになくてはならない工具であり，また，溝をさらい，かんなが使用しにくい狭いところを削る道具である。

（1）　のみの種類

のみの種類は多く，玄能で叩くたたきのみや，手で突いて削る突きのみなどの使い方による分け方がある（図2－14）。

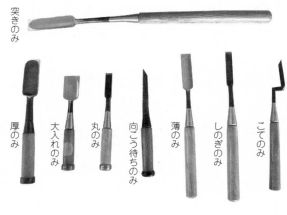

図2－14　の　　み

　a．たたきのみ

　たたきのみには，厚のみ，向こう待ちのみ，大入れのみ（追入れのみ），丸のみなどが
あり，玄能で叩いて用いる。

　厚のみ：構造材の加工用に用いる。穂幅が比較的狭いものをたたきのみ，広いものを広
　　　　のみとして区別する場合もある。

　向こう待ちのみ：建具の框(かまち)の穴掘りなど，ほぞ穴を穿つ(うが)（掘る）のに用いる。

　大入れのみ：一般に，造作材の加工用に用いる。

　丸のみ：茶室の化粧丸太の曲面や彫刻の加工用に用いる。外側に鋼がある外丸（裏丸）
　　　　のみと，内側に鋼がある内丸のみがある。

　b．突きのみ

　突きのみには，薄のみ，しのぎのみ，こてのみなどがあり，ほぞ穴・溝などの削り仕上
げなどに使用する。

　薄のみ：甲の薄いのみで，ほぞ穴，溝などの仕上げ，かんなの押さえ溝削り，また，た
　　　　たきのみの使用しにくい部分を削るのに使用する。

　しのぎのみ：断面が三角形で刃先は薄く鋭い。あり溝，その他かんなの使えないところ
　　　　を削ったり，他ののみで工作した穴を仕上げるのに使用する。

　こてのみ：左官ごてに似た形で，溝，穴の底を平らに削る。階段の踏み板掘りや突き止
　　　　まり溝に用いる。

　c．その他ののみ

　のみには，このほか，家具・建具などに使用する打抜きのみ，かき出しのみなどがあ
る。

（2） のみの構造

のみは穂，つか（柄），口金，かつら（冠）で構成されている（図2－15(a)）。

a．のみのつか中心と刃先

一直線に通っていること。通っていないと，玄能の打撃が正しく伝わらない。

b．かつら

つかの頭部が適当に沈むように，あらかじめかつらの内側の角を棒やすりで丸めておき，木殺し*してから固くはめ込む。かじや，下り輪を使えば入れやすい。

c．つか（柄）の仕込み

こみ先がつか身に当たって隙間のないようにする。この部分に遊びがあると，玄能の打撃が刃先に完全に伝わらないばかりでなく，のみつかの腰折れの原因になる（図2－15(b)）。

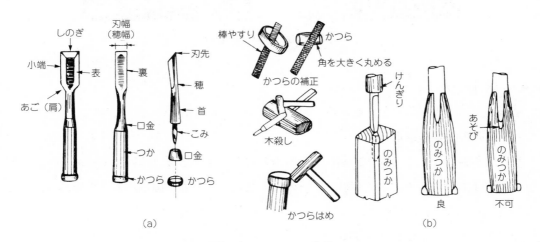

図2－15　のみの構造

（3）　のみの研ぎ方（図2－16）

のみは切刃の幅いっぱいに使用するため，かんな刃と異なり裏刃の鋼が小端までまわっている。そのため，刃角が欠けていては，加工物の隅を正確に仕上げることはできない。のみの刃角は最も大切な部分である。

切刃角度は25°～30°ぐらいで，両角は正しく直角に，刃先はやや内側にくぼみに研ぐ。裏刃は仕上げ面の基準になるので，十分注意して正確に裏押しする（裏押しについては，1．6かんなの項を参照）。

---

*　木殺し：槌でたたいて圧縮し，入れやすくすること。

　のみを研ぐ場合は，つかの部分を**研ぎ水**でぬらさないよう注意する。作業が終わったら，刃当たりを防ぐため，のみさや，のみ箱，のみ袋，布巻きなどでのみを保護する。

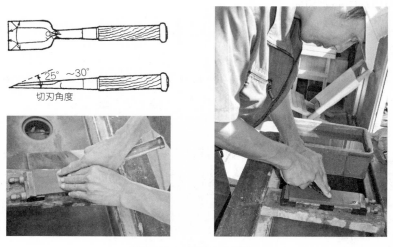

図２−16　のみの研ぎ方

（4）穴 掘 り
　墨線に従って正しく穴掘りをする。

ａ．のみの種類の選定
　穴の大きさにより，のみを選定する。のみの大きさは，刃幅（穂幅）で呼ぶ。大工の穴掘りは，ほぞ穴の寸法よりやや幅の狭いのみを選定し，力強く掘る。家具・建具は，ほぞ穴と同じ幅のものを使用する。

ｂ．木材をしっかりと固定する
　材の両端に工作台を置く。工作箇所に工作台が近いほど打撃が伝わりやすい。

ｃ．打ち込み方
　玄能を振り上げられるように利き手側に腰掛け，またいでは腰掛けない。脚の内側には動脈がありけがをすると致命傷になる。玄能は利き手で持ちのみは反対の手でかつらの直下を握る。玄能を打ち損じても，手や手首に当たらないように，のみは手首を曲げて持ち，のみの刃先を注視しながら，玄能の中央で柄頭の平面を打つ。肘を肩の高さまで振り上げ，玄能を外回りに振り下げる。垂直に振りかぶったり，横なぐりに叩くと力強く掘れない（図２−17）。

　のみを打つ玄能は，木材の繊維方向には１打ち，横方向には２打ち程度の割合で，なるべく広く厚いのみ木っ端を出すようにのみを扱って穴掘りを進める。常に，のみの裏を墨側に向け，材面に直角にあてがう（図２−18）。

　通し穴は両面から１／２ずつ掘って貫通する。小根ほぞ穴のように，１つの穴に大小の穴が組み合わされた穴は，まず，小さい穴を掘り仕上げてから，大きい穴を掘って貫通する。

図２−17　穴掘りの姿勢

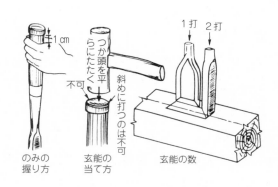

図２−18　穴 掘 り

1. 4 　槌 　　　類

　玄能，金槌，木槌などがある（図２−19）。

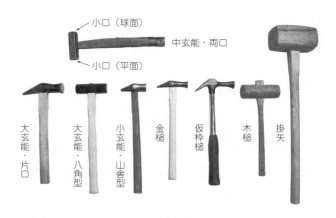

図２−19　槌の種類

(1) 玄　能

　玄能は頭部の重量により大玄能，中玄能，小玄能の呼称があり，さらに，頭部の形状により一文字形，八角形，丸形，長円形片口などの種類がある（図2-20）。

　玄能の鉄部（頭）の面は，一方が平で，他方は丸みが付いている。平らな方はのみやくぎを打ち，丸い方は**木殺し**をするときに使う。玄能の穴は，鼓形^{つづみ}にあけて，柄が抜けないようにつくられている。柄はカシなどの堅木を用いる。

　大玄能は，大くぎ・のみなどを打つとき，又は仕口・継手の組立てのときに用い，中玄能・小玄能は，くぎ打ち・細工のときに使う。

(2) 金　槌（図2-21）

　小口は，一方が角・丸・刃形などがあり，他方はとがっているものや，くぎ抜きの付いているもの（箱屋金槌）がある。両刃形のほかはくぎ打ち専用で，とがった方は，あらかじめくぎ道を開けるのに使う。小型の四分一金槌^{しぶいち}は，天井のくぎ打ちに用いられている。

(3) 木　槌

　彫刻のみ，かんなの刃の調整，組み立て工作のときなどに用いる。木槌の大型のものは掛矢^{かけや}と呼ばれ，杭打ちや建方に用いられる。

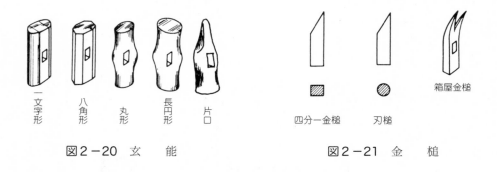

図2-20　玄　能　　　　　　図2-21　金　槌

1. 5　砥　石

　質のよい刃物でも，砥石が粗悪であったり，研ぎ方が下手では，切れ味をよくすることはできない。切れ味の悪い刃物は，良い仕事ができないだけではなく，けがをしやすい。

　砥石は，**砥粒**が天然か工業的につくるかによって，**天然砥石**と**人造砥石**に大別される。また，砥粒の粗さによって**荒砥，中砥，仕上げ砥（合わせ砥）**に分類される。このほか，人造砥石として人造砥粒（炭化珪素系^{けいそ}，酸化アルミニウム系）と結合剤（セラミック系，セメント系，樹脂系）で成形した合成砥石や刃物の裏押しに用いる軟鋼製の金盤（金砥）

がある。また，粉末状の工業用ダイヤモンドを電着したり，結合剤と混ぜて焼結した砥石がある。

a. 荒　　砥

天然石を用いることもあるが，この場合，大型で重く，扱いが不便であるので，ほとんど金剛砂砥石が使われている。刃物の刃先を整える荒研ぎに用いる。

b. 中　　砥

荒研ぎが済んだもの，又は刃先の切れ味が止まったときに用いる砥石で，産出地により天草，青砥，沼田などがある。人造砥では，#800〜#1000の番手が多く用いられる。

c. 仕上げ砥

最後の仕上げに使う砥石で，京都の愛宕山周辺（鳴滝，中山，奥殿，菖蒲谷など）に産するものを本山砥といい，良質品とされている。刃物の仕上げには#6000〜#10000の超微粒子製が用いられる。

1.6 か ん な

かんなは，木材の表面を薄く削り取り，滑らかな面に仕上げる工具である。

（1） かんなの構造

かんなは，かんな刃（穂，身ともいう。）とかんな台から構成されている（図2−22）。刃が1枚のものと2枚のものがあり，裏座（裏金）が添えてあるものを二枚かんな，又は，合わせかんなともいう。一枚かんなは切削抵抗が小さく，削り肌はきれいであるが，逆目がたちやすい欠点があり，建築工事では木口削りなど特殊な場合に用いる。

二枚かんなは，かんな刃の刃先に裏座を近づけて削ることで逆目防止の機構となっている。裏座の刃先に削りくずがあたり繊維を折り曲げることで材料の先割れを防ぎ，逆目を防止している。このため裏座の刃先は二段研ぎとし，かんな刃と正しく密着させることが大切である。刃口が広いと材料の先割れが深く入り，逆目が起きやすくなる。長く使って刃口が広くなったら，刃口埋めして元の狭い刃口に戻す。

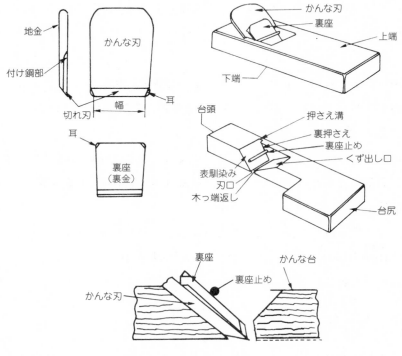

図2−22 かんなの構造（二枚かんな）

（2） かんなの種類（図2−23）

かんなは用途や形状によって多くの種類がある。

a．平かんな

材料を平らに削るために，かんな台が平らになっている。通常，かんなというときは平かんなを指す。削る程度により，荒仕工かんな，中仕工かんな，仕上げかんな（上仕工かんな）がある。表2−1に平かんなの種別を示す。

表2−1　平かんなの種別

種　　別	削　る　程　度
荒仕工かんな	おがめ（凹凸）を取り，だいたいの荒削りをする。
中仕工かんな	逆目を止めて，だいたい平らに仕上げる。
仕上げかんな	極めて平らに削り，かつ材面につやを出す。

b．長台かんな（図2−23(a)）

平面削り，木端削り，接ぎ合わせ面や木製定規の直線削りに用いられる。かんな台が長いので削り面の精度が高い。

c．台直しかんな（図2-23(b)）

かんな刃が削り面に垂直に立っていて，立ちかんなともいい，堅木のかんながけに用いる。かんな台は堅木であるので，かんな台の下端を削る（台直し，後述する）ときに用いるところからこの名がある。

d．際かんな（図2-23(c)(d)）

工作物の段欠き，角隅の際，板の側（傍）をしゃくる[*1]（そばじゃくり）のに用いられる。用途により左勝手，右勝手がある。また，左右の用途を兼ねた五徳かんな（とんぼかんな）がある。

e．溝かんな（図2-23(e)～(h)）

しゃくりかんなともいわれ，敷居や鴨居の溝，板の相じゃくり[*2]などに用いられる。溝突き（溝加工）をするかんなに，脇取りかんな（左勝手，右勝手がある。），底取りかんな（類似品に，基市かんな，荒付きかんながある。），機械じゃくりかんながある。

溝突きは電動溝切りや木工機械ですることが主流となった。

f．その他のかんな（図2-23(i)～(o)）

南京かんな：反り台かんなでは細工しきれない曲がりの強い部分を加工する。

反り台かんな：曲面を削るため台が曲面になっているかんなである。

面取りかんな：各種の面をとるのに用いられる。角面，ぎんなん面などがある。

丸かんな：台の底面が，外へ丸みを持つものと，内へ丸みを持つものがあり，その形の面の削りに用いる。

また，台かんなが出現する以前の切削工具に，仕上げ削りに用いる槍かんなや荒削りに用いるちょうながある。現在では，削り肌の独特の肌合いから，古社寺の再現や家具・化粧材の意匠的な表面加工に使用される。

---

*1 しゃくり：元来はさくり，転じて畝を掘り切るの意。接合する場合にえぐって作られた溝や突起。
*2 相じゃくり：張り合わせる板の傍の厚さをそれぞれ半分ずつ欠き取ること。

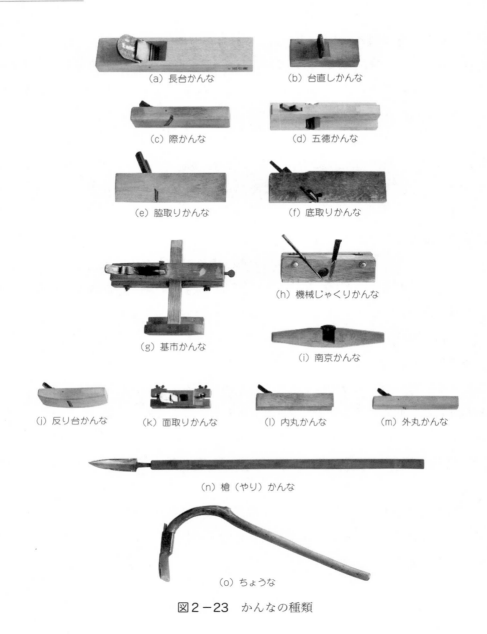

（a）長台かんな

（b）台直しかんな

（c）際かんな

（d）五徳かんな

（e）脇取りかんな

（f）底取りかんな

（g）基市かんな

（h）機械じゃくりかんな

（i）南京かんな

（j）反り台かんな

（k）面取りかんな

（l）内丸かんな

（m）外丸かんな

（n）槍（やり）かんな

（o）ちょうな

図２－23　かんなの種類

（3）　かんな台の調整（台直し）

　木製のかんな台は材面との摩擦で下端がすり減り，刃の仕込み，湿気，乾燥により変形を繰り返す。その都度，かんな台の狂いを取り除き，用途にあわせて下端の形に変化をつける。例えば，長押（なげし）のように全く平らに削るには，台頭，かんな刃先，台の中央部及び台尻の４点が一直線にあるように慣らす。これを陸台（ろくだい）という。

　天井板のように，きれいに削るが，正確な平らさを要しないものは，台頭をかすかに低

くする。こうすれば，材面にかんなの食いつきがよく，かんな台と材面の摩擦が少ないので，軽く削ることができる。

　図2－24は，かんなの台下端の形状を示したものである。台下端は基本的に刃口と台尻を基準面にして，削る程度により仕立てを変える。削り作業に先立ち，台下端を修正し，作業中もときどき検査し，常に正しく保つ。作業後のかんなの保管にも気を配る。

　台下端の検査は，正確な下端定規を用い，次の狂いを調べる（図2－25）。

① 　台の長さ方向の反り

② 　台の横方向の反り

③ 　台のねじれ

④ 　下端のすり減り

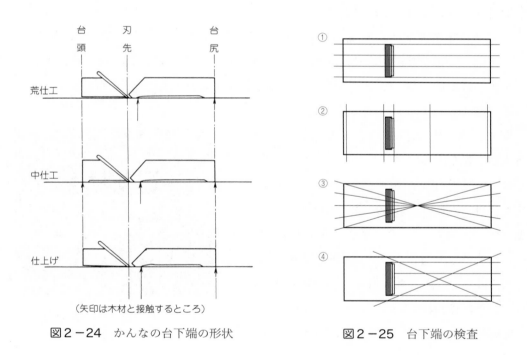

（矢印は木材と接触するところ）

図2－24 　かんなの台下端の形状　　　　　図2－25 　台下端の検査

　修正する部分があったら，台直しかんなで横削りし，基準となる刃口部から順次，台尻側の面，台頭の面と正しい形に整える（図2－26）。台直しは，かんな刃を台下端面から2mm程度引っこめた状態で行う。かんな刃を仕込むと表なじみに圧力がかかり台頭面が膨らむため，使う状態に近いことが望ましい。

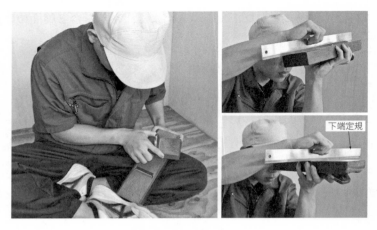

図2-26　台直し

（4）　かんな刃の裏出しと研ぎ方

　刃の切れ味が鈍ったときは，中研ぎ・仕上げ研ぎですませるが，刃こぼれがあるとき
は，荒砥石で刃先を整え，刃先のすり減りが刃裏のくぼみ（裏すき）まで達したとき（こ
れを裏切れという。）は，刃の裏出し，裏押しを行ってから，刃研ぎを行う。

a.　裏 出 し

　裏出しは，刃の鋼の部分を出すことで，**研
ぎ出し**と**打ち出し**（裏打ち）がある。**研ぎ出
し**は，**金剛砥石**に金剛砂を振りかけて荒研ぎ
する。**打ち出し**（裏打ち）は，かんな刃の裏
を図2-27に示すように金敷（金床）に載
せ，玄能で地金部分を叩き，刃先を裏側に反
り返らせる。このとき，誤って鋼部分を強く
打って**たたき割れ**を入れないように注意し，
玄能を握った手のひじを軽く胴につけて小さ
く叩く。

図2-27　打ち出し（裏打ち）

b.　裏 押 し（図2-28）

　裏出しをした刃物は，裏押しをして刃裏の鋼を平らにする。裏押しが完全でないと，し
のぎ面をいくら研いでも切れ味がよくならないばかりでなく，かんな刃と裏座の間にかん
なくずが詰まる。裏押しは，金盤（金砥）にまいた金剛砂の粒子が粘土状になり，刃裏の
条痕が消えて，鏡面のようになるまで押し切る（図2-29）。最近では，平面保持力が高
く，砥粒の傷が浅い高番手の焼結ダイヤモンド砥石を裏押しに用いることもある。

図2−28 裏押し

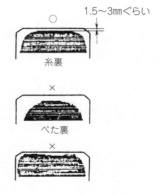

図2−29 裏の状態

c．研 ぎ 方

　裏出しをしたのち，刃こぼれがあるときは荒仕工から始め，順次，中研ぎ，仕上げ研ぎに進める。砥石の平滑度や平行度が刃先線に影響を及ぼすため，適宜，砥石の面直しをしながら，しっかりとした砥石台にのせ，すわりをよくする。刃先角度を維持しながら切れ刃を常に砥石に密着させ，しのぎ面が丸くならないように正しい姿勢で研ぐ。

　中研ぎは，刃先の鋼が刃裏全体に一様にまくれ（刃返り）が出るまで研ぎ，仕上げ砥石で刃裏を押して刃返りを取る。仕上げ研ぎは，砥ぎ汁（砥くそ）をためながら，しのぎ面の地金（軟鋼）を磨くのではなく，刃先（鋼部分）を丁寧に研ぐ。ときどき刃裏を研いで微細な刃返りを取りながら，鋭利な刃先になるまで研ぎ上げる。

　各工程での刃先の形状は，図2−30に示すように，荒仕工かんなの刃先は両端やや低く研ぎ，中仕工かんなはやや直線状に，仕上げかんなはほとんど直線に研ぐ。

　切れ刃の研ぎ角度は，25〜30°になるように研ぐ。新品のかんな刃は台打ちのしやすさから22°程度になっているため，徐々に角度を起こす。裏座の切れ刃角度は，図2−31に示すように20°前後で一度完全に研ぎ上げ，その後逆目を止めるために仕上げ砥などにより研ぎ落とす。

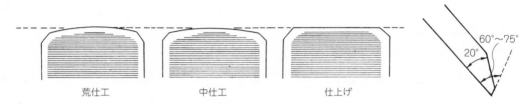

図2−30　刃先の形状

図2−31　裏座の切れ刃
の研ぎ角度

（5）　かんな削り

　かんな削り仕上げの程度は，建築工事標準仕様書（JASS 11　木工事）に，表2－2のように示されている。

表2－2　かんな削り仕上げの程度（JASS 11）

（a）　かんな仕上げの種類，手加工による場合

種　　類	表面の仕上がり程度
内部造作見え掛り材	斜めから光線を当てて，逆目，かんなまくれが全くないもの
外部造作見え掛り材	逆目，かんなまくれがほとんどないもの
下　地　材	多少の逆目，かんなまくれを許容するが，のこ目が見えないもの

（b）　かんな仕上げの種類，機械加工による場合

種　　類	仕上がり程度
内部造作見え掛り材	超自動かんな削り
外部造作見え掛り材	中自動かんな削り
下　地　材	自動かんな削り

　これらの仕上げを行うには次のことに注意する。

①　刃が鋭利に研いであること（研ぎ方）。

②　かんな台の下端が正しくつくられていること（台直し）。

③　刃先の出が適切で，裏座が適当に加減してあること。

④　削り台の上端が平らで，削る材がしっかり固定されていること。

⑤　木材の性質に応じ，削る方向を選ぶ。図2－32に示すように，木理に逆らわない準目（ならいめ）削りが基本である。生節のある材は硬い節に逆らわないように削るため，逆目（さかめ）削りとなる。

　　木表，木裏，生節（いきぶし）によって削る方向は，次による。

$$無節の材面の削る方向 \begin{cases} 木表 ― 末から \\ 木裏 ― 元から \end{cases}$$

$$生節のある材面の削る方向 \begin{cases} 木表 ― 元から \\ 木裏 ― 末から \end{cases}$$

図2－32　準目削りの方向

⑥　かんなの種類を選ぶ。

⑦　木のねじれ，反りを修正する。板の反りのひどいものは水打ちして反りを戻す。

⑧　正しい寸法・形状に削る。けびきで削りしろをけがいたり，直角定規（スコヤ）で直角を確かめる。

⑨　かんなは，上体を少し前方にかがめ，図2－33に示すように利き手で台尻とくずだまりの中心くらいの位置をしっかりと握り，反対の手で穂頭を丸く包むように握る。かんなが迷走しないようにまっすぐ引き，腕力で削るのではなく，腰でひくような気持ちで一定の姿勢で削る。足の運びは，荒削りは後ろ向きに一歩ずつ止まりなが

ら行う。仕上げ削りは，かんな枕が起きないよう一気に引きとおすように削る（図2
－34）。

図2－33 かんなの持ち方　　　　　　図2－34 かんなのひき方

1.7 き　　　り

　きりは，木ねじやくぎ打ちの予備穴をあける小型のものと，ボルト穴，だぼ穴をあける
大型のものがある（図2－35）。

（1）きりの種類

a．四つ目ぎり
　四角錐形の細長いきりで小穴をあけるのに適しており，竹くぎなどの小くぎを打つとき
に用いる。

b．三つ目ぎり
　先端に三角錐形が付いたきりで，四つ目ぎりよりやや大きい穴をあけるのに適してお
り，くぎ，木ねじの予備穴をあけるのに用いる。

c．つぼぎり
　半円形のきりで，円筒状の穴をあけるもので，くぎを埋め込み，埋め木する穴をあける
ときなどに用いる。

d．クリックボール（くりこぎり）
　くりこ（繰子）によって回転を与え，きりもみの力を能率的に得られるようにしたもの
である。先端にチャックが付いていて，各種のきりと交換できる。

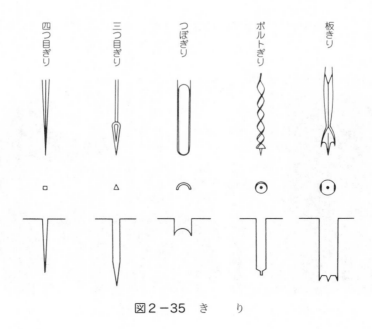

図2−35　き　　り

第2節　手持ち形電動工具とその使い方

　手持ち形電動工具は，通常，木材を固定して機械を手で動作させて使用するもので，それぞれの手工具に相当する次のものがある。

のこぎり：チェーンソー，電動丸のこ（電気丸のこともいう。），ジグソー

か ん な：電動かんな（電気かんな，プレーナーともいう。），電動溝切り（電気溝かんなともいう。），サンダー

の 　 み：電動角のみ（電気角のみともいう。）

き 　 り：電動ドリル（電気ドリルともいう。）

玄 　 能：くぎ打ち機（エア式・電気式）

　使用法のうち，電源，コード，点検，手入れなどの共通事項は，まとめて後述する。

　手持ち形電動工具には電源コード式・充電式がある。充電式のバッテリー（蓄電池）は互換性があり，様々な製品に対応している。バッテリーの電圧や容量により動作時間や充電時間は異なるが，従来の電源コード式に比べ利便性が高い。また，無線通信技術で連動する工具も製品化され，建築現場ではコードレス化が進んでいる。

2．1 電動丸のこ

丸のこを回転させて切断するもので，木材及び木材以外の各種建築材料（ボード類）の切断までできる（図2－36）。一般に使用されているものは，コード付きタイプであるが，電源コードの切断が起きやすいこと，電源の確保が容易であることや作業性の観点から，充電式のコードレスタイプも使用されている。

また，軽量化するためモーターを一回り小型化し，回転数を電子制御した電子丸のこも普及している。いずれも大変便利な道具であるが，反面，毎年多数の労働災害が発生している。そのため，作業に従事する者には丸のこ等取扱い作業従事者教育（特別教育に準じた教育）を受講することを推奨する。

図2－36 電動丸のこによる
切断作業

（1） 丸のこ刃

刃先の材質から木工用丸のこ，チップソー（超硬丸のこ）がある。木工用丸のこは，本体（台金）と同じ材質である刃先にあさりをつけ，目立てをしている。チップソーは，本体（台金）の刃先に超硬合金（超硬チップ）がろう付けされている。木材・合板・集成材の切断用としては，硬度が高く，切削寿命の長いチップソーが主流である。用途により，縦びき用，横びき用，縦横兼用，さらには切断する材料により窯業・金属系建材用，合成樹脂用，非鉄金属（アルミ材等）用がある（図2－37）。

（a）一般木材用

（b）一般金工用

図2－37 電動用のこ刃

（2）　のこ刃の取付け，取外し

刃に手を触れるときは，必ず電源からコードを外す。モータスイッチを切る（OFF）だけでは危険である。

a．取　外　し

のこ刃が回転しないように，シャフトロックを押し込み，六角ボルトを緩める。また，フランジをはずし，安全カバーをいっぱいまで引き上げた状態で刃を取り外す。

b．取　付　け

刃物支持部やフランジののこくずを取り払い，刃の向きを確認して，がたつきがないように締め付ける。締めるときもシャフトロックで固定する。

（3）　定盤（ベース）・丸のこガイドの調整

切断する深さ又は厚さにより丸のこ刃の出を調整する。薄板を切断するときは，不必要に刃を出さない。

切断は，直線に行うことが必要で，このため，けびきのようにガイドを調整して位置を定める。

（4）　切断作業

電源コードのプラグを差し込む前に，スイッチのロックボタンが解除されていることを確認する。また，身体やコードがのこ刃に接触するのを避けるため，安全カバーをくさび，ひも等で固定した状態で使用しない。大型で補助ハンドルのあるものは，必ず両手を使う（図2－38）。なお，電動工具は右利き用にできている（逆勝手のものもあるが左利き用ではない。）ので，左利きの者が使用する場合は扱いに注意する。

切断する材料の手前端に，定盤（ベース）の先端を載せる。刃先の位置決めをしたら，定盤を材料の上面と同一面になるように持ち（図2－38(a)），刃先が材料に当たらない状態でスイッチを入れる（ON）。モーターの回転音が一定になったら切断を始める。

まっすぐに切断するためには，ガイドを材料にしっかりと付ける。もし，ガイドになる側が直線でないときは，切断面に「かんなかけ」をして直線にする。丸のこ刃が途中で曲がると熱を持ち，湾曲するおそれがある。側が直線でないときは，ガイドはあまり強く押さえない。

ひき肌を一様にするためには，進め方を一定の速さに保つことで，モータ音に常に注意し，無理な速い速度にならないようにする。

切り込みの深いときは，モータが過負荷になりやすく，また，丸のこ刃が摩擦で加熱し，湾曲することがあるので，ときどき送りを止め，刃を空転させて歯先を十分に冷却さ

せる。

　のこの締め付けからくる反発（キックバック）を予防するために，切断材料が水平になるように，適切に支持する。材料の切り始めや切断終了間際は丸のこの反発が起きやすい。切断が終わりになると，重い電動工具では前のめりになるので，体をやや前に持っていき，直上で持つようにする。また，回転させたまま丸のこを戻すと強く反発しやすいので回転が完全に停止したことを確認後，丸のこを材料から離す。

　材料から離すときは，コードに注意する。丸のこ刃は高速回転しており，一瞬触れてもコードが切断する。

（a）正（定盤と材が同一面）　　（b）誤（手前が下がる）　　（a）誤（前のめり）

図2-38　大きな電動工具の持ち方（両手で握る取っ手のあるもの）

（5）目立て

　切れ味が悪くなったら**目立て**をする。切れ味の悪い状態で使用すると，モータに無理をかけ，また，刃先の損傷が大きくなる。ただし，超硬チップをろう付けしたチップソーの場合，専用の研磨機が必要なこと，正確に研磨する必要度が高いことなどから研磨業者に依頼することが多い。なお，特殊な丸のこ刃では，**あさり**をとらないものがある。

2．2　電動ジグソー

　板の窓抜きや曲線の切断に用いる電動ひき回しのこである。のこ刃が上下に運動する（図2-39）。

（1）のこ刃

木材・合板用のほか，各種化粧板，薄板金属板など
の専用のこ刃がある。機種によっては，金のこ刃（ハ
クソー）を，一部グラインダで整形して使用できる。
刃は消耗品で，切れ味が悪くなったら新品と替える。

（2）回しびき作業（図2－39）

ベースを加工材の面に密着させ，のこ刃を直角に保
つようにして移動させる。加工材の中側から窓を抜く
ときは，あらかじめ，のこ刃が入るだけの穴をあけ，
そこから始める。

図2－39　電動ジグソーによる
　　　　　回しびき作業

2．3　電動チェーンソー

電動チェーンソーは，立木の伐採や丸太，平角の荒
切りに用いられる。切断長さ300～500mm程度のもの
が多い（図2－40）。

（1）チェーン刃

刃は連鎖板に互い違いに組み合って取り付いている。
刃が摩耗した場合には，丸やすりで目立てをする。

（2）刃の潤滑

刃の発熱を防ぐためオイルで潤滑させる。始動する
ときは，必ずオイルの有無を確認し，**焼き付け**のない
ようにする。

図2－40　電動チェーンソーに
　　　　　よる切断作業

（3）切断作業（図2－40）

材の支点に近い位置で切断するようにし，刃に回転力が付いたら，刃元からソーの重み
で切り下げる。大型のものは，サイドハンドルに**つめ**が付いていて，つめを材に当てて切
り下げる。切り終わりは刃先を下げないようにハンドルを保持する。

2．4　電動溝切り

電動溝切りには，**丸のこ兼用タイプ**と**溝切り仕上げタイプ**がある。丸のこ兼用タイプ
は，溝切り用刃（カッタ）及び丸のこ刃を取り替えることによりそれぞれの用途に用いら
れる。**溝切り仕上げタイプ**は，丸のこ兼用タイプより刃の回転数が高く，仕上げカッタを

装備し，溝の加工面を仕上がり状態に切削できる（図2−41）。また，定盤（ベース）が傾斜する小型の溝切りもある。

（a）仕上げ溝切り

（b）小型溝切り

図2−41　電動溝切り

（1） カッタ

電動溝切りは，カッタと呼ばれる刃物を回転させて溝を突くもので，建築の工作の場合，溝突き作業は主に敷居や鴨居の工作で行われる。敷居や鴨居の溝加工は，縦溝加工で，縦溝カッタを用いる。これには溝幅21mm，18mmのほか多数あるが，21mm幅が一般の建具の敷居や鴨居の溝じゃくりに用いられる。また，替刃式や刃幅を自在に変えられるカッタもある（図2−42）。

（a）けびき付きカッタ

（b）替刃式カッタ

（c）自在溝切りカッタ

図2−42　溝切りカッタの刃

（2） カッタの取付け，取外し

溝切りは，カッタのほか丸のこも兼用できるようにワッシャが付けてあり，種類が多いので，なくさないように注意する。また，回転方向とカッタの刃の向きにも注意する。

（3） カッタの調整

溝切りは，**切込み深さ，切込み位置**を調整する。切込み深さは，切込み深さ目盛により合わせる。深さは，カッタが摩耗していたり，異なるメーカの部品を転用したりすると，本体に示してあるゲージと一致しないことがある。

溝幅の寸法はカッタの刃幅で定まり，側面からの位置だけを作業のときに定める。

（4）　溝切り作業（図2-43）

逆目を避けて木材を置く。

右手でハンドルを持ち，左手で側面のハンドルを持って，丸のこと同様に先端を合わせる。削り始めは，抵抗が大きいので先端を下へ押さえるようにする。削り終わりは，手元で下へ力を入れる。

乾燥した材や木目によって溝の縁が欠けるおそれがある場合は，特に遅く削るか，切込み深さを2回に分ける。

図2-43　電動溝切りによる溝切り作業

（5）　カッタの研ぎ方

研ぎ方は，かんな刃と同じ要領でよい。砥石は，中研ぎに＃240～＃280の油砥石，仕上げには＃500～＃800の油砥石又は水砥石を用いる。グラインダを用いて研磨する場合は専用ジグが必要である。

切削面が仕上がり面になるので，わき刃や刃の角にも注意して，正確な刃型を保持する。

2．5　電動かんな

かんな刃を円筒に2枚取り付け，回転させるものである（図2-44）。機種により刃幅や最大切削深さなどの能力に違いがある。また，凸面切削が可能な曲面かんなもある（図2-45）。

（1）　かんな刃

かんな刃は，研磨式と替刃式があり，モータからベルトなどで伝動されるかんな胴にボルトで留める（図2-46）。

図2-44　電動かんな

図2-45　曲面かんな

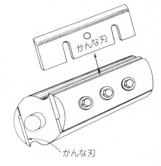

図2-46　かんな刃

（2） かんな刃の取付け，取外し

かんな胴には手をつけないで，胴の外からかんな刃を留めているボルトを緩めて取り出す。取付けは，かんな胴の刃の収まるところについている削りくずを取り除いてはめ込み，いったん軽くボルトを締める。ここで**刃高**を調整する。刃高はそれぞれの機種の取扱い説明書により行う。刃高の調整は，普通のかんなの場合と同様に大切である。

（3） かんな削り作業（図2−47）

逆目又は特に節の堅いものが多い材を削るときは，できるだけ1回の切り込み量を少なくするよう，切込み深さを調整する。**削り始め**は，丸のこと同様にかんなの定盤を材の上面にぴったり付け，先端を下へ押さえてスイッチを入れる。

削り速度は，削りくずがきれいに飛び出すように加減する。あまり速いと中で詰まり，仕上がり面が汚くなる。**削り終わり**は，かんなを材の削り面と平行にそのまま持っていく。材の先端部で，

図2−47　電動かんなによる削り作業

前かがみにすると，先端面が削り取られて丸くなる。

刃は，定盤からはみ出ているので，削り面に置くと，その部分だけが削り取られる。電動かんなの場合も，コードを切断することがあるので注意する。

（4） 刃の研ぎ方

2枚を同時に，同じように研ぐことが必要で，このため，専用の保持具がある。機種により，保持具に取り付けるかんな刃の前後を区別するものがあるので注意する。

2．6　電動角のみ

ほぞ穴，貫穴などの角穴を掘る機械で，ドリルの回転により丸穴をあけ，ドリルの外周にある角のみが丸穴の周囲を角に削るものである。

（1） きりと角のみ（図2−48）

きりは，先端に縦刃と横刃のあるもので，角のみは，隅角が長く刃の付いたものである。きりは角のみの中に取り付けて1組になっている。角の

図2−48　角 の み

みの大きさには，16.5mm，18mm，21mm，30mmなどがある。

（2）　角のみ，きりの取付け・取外し

　機種により多少の違いがあるが，はじめに角のみを取り付ける。落下時の刃先を保護するため，捨て板を敷く。角のみは上下する本体に取り付け，きりはモータの回転軸に取り付ける。角のみを取り付けたら，きりを挿入し取り付ける。刃の出は約2mmとする。

　角のみは，定規と平行でテーブルと直角になるよう，正確に取り付ける。

（3）　穴あけ作業（図2-49）

　穴あけ深さを調整し，角のみ機を木材の上に馬乗りに載せる。木材は，まくら木（厘木）を用い，床から高くする。

　穴あけ場所へ移動して木材に固定し，幅・縦の位置を定めて穴あけする。ほぞ穴をあけるときは，一端から他端に順次掘り進めると，最後の端穴で角のみが穴側に逃げるため，最初に両端を掘ってから残りを掘り進める。通し穴は，手のみと同様に両面から1／2ずつ掘って貫通する。

図2-49　電動角のみによる
　　　　穴あけ作業

2．7　電動ドリル

　一般に**電気ドリル**といわれ，穴あけ作業に用いられている。電動軸の先端にチャックを取り付けただけのもので機構は簡単である。大小さまざまな型式があるが，大別して，**小型の片手持ち式**と**大型の両手持ち式**に分けられる。

　当初は，穴あけ専用工具であったが，その後，さまざまな機能が追加され，先端に取り付ける工具も豊富になり作業範囲が広がった。現在は，電気ドリルの穴あけ機能とドライバーのねじの締付け緩め機能を合わせ持つドライバードリル，回転方向に衝撃力を加えるインパクトドライバー，コンクリートに小さな穴をあける振動ドリル，石工穴あけやはつり作業をするハンマードリルなどがある（図2-50）。

（a）電動ドリルによる座彫り作業

（b）電動インパクトドライバーによる
金物取付け作業

図2－50　各種電動ドリル作業

２．８　くぎ打ち機

　くぎ打ち機は，エアコンプレッサ（空気圧縮機）を使用するエアくぎ打ち機が主流である。一般圧（常圧）用と高圧用の２種類があり，対応したコンプレッサやエアホースが必要となる。その他，コンプレッサを必要としない電気式やガス式もある。

（１）　種　　類

　くぎ打ち機は，くぎの種類（長さ，形状等）や用途により様々な種類がある。使用するくぎは，ワイヤ（針金）や樹脂シートでロール状に連結されており，単発打ちや連続打ちが可能である。狭くて打ち込みにくい場所では，機体を押しつけるだけで打ち込めるばらくぎ打ち機が重宝する。また，内装工事では木質下地や鋼製下地に石こうボードを取り付けるためのビス（ねじ）打ち機が使用される（図2－51）。

（a）ビス打機によるビス打ち作業

（b）エアくぎ打機によるくぎ打ち作業

図2－51　各種くぎ打ち作業

　ステープル（コの字型くぎ）を打ち込むものを特に
タッカと呼び，各種内装材の仕上げ打ち，ルーフィ
ング張り，断熱材やシート留めなどに使用する。床
板張りには，床材の実（さね）*部分の割れや膨らみ
を防止するため，フロアタッカ使用する。また，同
様の目的で使用されるフロア用くぎ打ち機は，ステー
プルではなくブラッドネイルを使用する。

図2−52に示すようにくぎ頭を目立たせたくない
幅木や廻縁，化粧材などの取付けに使用する仕上げ
くぎ用のピンタッカ（登録商標の理由で各メーカー
呼び名が違う。）がある。

**図2−52　ピンタッカによる
仕上げ打ち作業**

（2）　使 い 方

　くぎ打ち機の可動部はピストンなので，潤滑オイ
ルが不可欠となり，作業前には必ず潤滑オイルを補
給する。空気ホースの途中にオイラー及びフィルタ
を接続して用いれば，清浄なオイルを適量供給でき
るので，摩耗を防ぐことができる。

　コンプレッサの使用空気圧（ゲージ圧）は，0.4〜
0.7MPa（常圧），1.2〜2.3MPa（高圧）で使用す
る。これ以外の圧力で使用すると，くぎ打ち機の性
能や寿命を落とす原因となるので注意する。

図2−53　コンプレッサ

　安全装置は二重になっているが，射出口の方向には，十分注意する。

　くぎを円滑に可動させるために，マガジン内にたまる異物をときどき排除する。

　くぎを打つには，マガジンにくぎを装填し，先端の安全装置を押し付けながら，所定の
位置に突き付け，引き金を引く。野地板のように打ち込む範囲が広いときは，引き金を引
いたまま先端を突き付ければ速くくぎが打てる。打ち込み深さは強度や仕上がりに影響す
るため，作業前に入念に調整する。

＊　**実**：板をはぎ合わせるとき，一方の接合部に作り出す細長い突起。他方は小穴とする。

２．９　手持ち形電動工具の取扱い注意一般

近年，蓄電池の開発が目覚ましく，電動工具の軽量化，高出力化を可能にしている。

また，モータが電子制御されたブラシレスモータに置き換わったことも，電動工具の小型化，高性能化に寄与している。従来のブラシしゅう動式のモータはカーボンブラシが減ると故障の原因になるので，点検し交換する。

電源コード式の電動工具は，感電防止用漏電遮断装置が取り付けられている電源に接続する。もし，できなければアース（接地側）をとる。差し込みプラグにアース用クリップが付いている（図2－54）。二重絶縁構造の場合は，その必要はない。

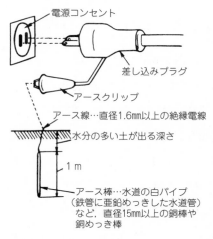

図２－54　アースのとり方

手持ち形の電動工具を電源コンセントに直接差し込めない場合には，使用する電動工具の電源の種類（単相，三相），消費動力に応じたコードリールなどにより延長して使用する。コードリールは巻いた状態で使用すると発熱して危険なので，必ずすべてのコードを引き出して用いる必要がある。また，屋外での作業には，**防雨形**のものを使用する。コード継ぎ足しは，本体に付いている同じ心線断面積のものを用い，あまり長くしない。継ぎコードコネクタを用い，アースの付いていないコンセントの場合には，相互のアースクリップを結合する。

第3節　木 工 機 械

３．１　木工機械と安全

木工機械は同一規格の大量の木材の加工を速やかに行い，生産の能率を高め，建築工事の工費を節減し，工期を早め，しかも重労働から人手を省くため，人は機械の及ばない，程度の高い作業にその労力を活用することができる。

木工機械の操作に当たっては，**災害防止**がまず第一の条件である。木工機械は，大型の鋭利な刃物が高速度で回転する。誤ってわずかに触れても，不幸な災害を受けることにな

る。機械の安全装置にのみ頼らないで，機械の性能をよく理解し，細心の注意を払って操作を行い，常に指導者の指示を守ることが，何ものにもまさる災害防止の条件である。

3．2　手押しかんな盤

　手押しかんな盤は，造作材などを平らに削りならすのに適切な機械である。定盤，定規板，かんな軸，かんな刃などからなり，定盤は前後に2分され，ハンドルによって上下に微動する。一面かんな盤に比べ定盤が長く定規が付いているので，平面及び直角面を精度よく削ることができる。図2－55に削り部分の機構を示す。

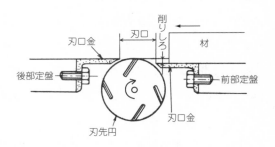

図2－55　削り部分の機構

　回転速度は削り仕上がりをよくするために，高速度を要する。3500～4000回／分が標準である。

　すべてのかんな機械は，定盤とかんな軸の調節に深く注意し，数枚のかんな刃のおのおのが定盤から均等に出るように取り付け，かつ回転中かんな刃が緩まないようかんな軸にしっかり締め付けなければならない。

　定盤の調整は，後部定盤はかんな胴刃線を同一平面上に，前部定盤はそれより材に応じた削りしろだけ下降する。

　材の削りは前部定盤上の材が刃物で削られて後部定盤へ送られる。図2－56に示すように，作業者はなるべく機械に接近して体を構え，木材を押す力はそのほとんど全部を後部定盤にかけ，後部定盤上に木材を押さえながら適度の速度を与えて削る。

　削り作業において最も注意すべきことは，指先のけがである。刃物の切れ味が鈍ったとき，加工材の狂いが甚だしいときは，特に，注意しなければならない。危険なので極端に薄い加工材や短い加工材（300mm以下），木材の木口部分は削らない。

図2－56　手押しかんなによる削り作業

手押しかんな盤は，**労働安全衛生法**に定めた規格に適合した刃の**接触予防装置**を備えているものでなければ使用してはならない。

3．3　自動かんな盤

図2－57に示すように，ベルトローラにより，自動的に材を送り，厚さを均一に削り，また極めて薄い板をも削ることができる。主要な部分は，図2－58に示すような**定盤，ローラ，板押さえ，かんな軸，かんな刃**などの機構で，削り加工が行われる。定盤は，側面に目盛のある指針を備え，ハンドルを動かして削り厚さの調節ができる。**送り装置**は，ローラと足踏みレバー，おもりなどで強い圧力が加えられ，木材を定盤に密着させながら，回転する刃先へ送り込み，かつ削り出される木材のはね返りを防ぐ働きをする。

図2－57　自動かんな盤による角材の
　　　　　削り作業

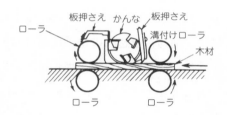

図2－58　自動かんな盤の機構

回転数は3500 〜 4000回／分，送り速度は7.6 〜 9.1 m／分程度が適当である。

自動かんな盤には，1回の送材で2面，3面又は4面を同時に加工できる精度の高いものもある。

切削できる材料の長さは，自動かんな盤の送りローラ間以上とし，幅は機械の範囲とし，一度に切削する厚さは最大で3mm程度とする。**逆目**を起こさないために，木表・木裏を判別して送り込む。

材のはね返りによって，けがをしないよう気をつけ，特に前後のローラの間隔より短い木材の削りは，危険が多いのでこれを避けなければならない。

3．4　超仕上げかんな盤

　自動かんな盤で削った面には，送り込み
ローラの溝跡，ナイフカッタ，逆目，刃こ
ぼれ，繊維のつぶれなどのため，これをこ
のまま仕上がりとすることはできない。し
たがって，良い仕上げ面を得るためには，
必ず**仕上げ削り**が必要となる。手かんなに
よる仕上げ削り作業は熟練を要し，特に広
葉樹や長尺ものの削りは，非能率的である。

　超仕上げかんな盤は，手かんなと全く同

図2－59　超仕上げかんな盤による
　　　　　仕上げ削り作業

じ原理を応用してつくられた機械で，手かんなと同様の仕上げ削りを能率的に行うものであ
る（図2－59）。

　加工材を水平に送り込み，短材は手を引き込まれないよう注意する。長い材や重量のあ
る材は，補助台や送材の自動反転機構を利用するとよい。

　刃はテーブルの中央部に固定され，上部に**送り機構**を設けてある。材の厚みに対する調
整方法により大別すると，テーブルが固定され，上部送り装置を昇降させて調整するテー
ブル固定式と，テーブルを昇降させて調整するテーブル昇降式がある。

　また，超仕上げかんな盤は，表面の仕上げ削りが行えるのみで，自動かんな盤のように
厚さ決めをすることはできない。超仕上げかんな盤の機構を図2－60に，ナイフストッ
クの調整について図2－61に示す。

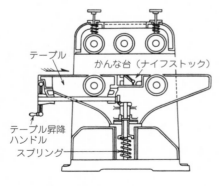

図2－60　超仕上げかんな盤の機構

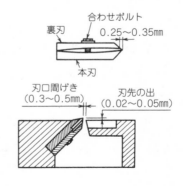

図2－61　ナイフストックの調整

3．5 丸のこ盤

丸のこ盤は現場に備えて，角材のひき割りなどの作業には能率よく便利な機械である。その主要部は定盤と回転軸及びのこ身からなり，のこぎりの直径は，製材用には約76cm以上のものが使用されるが，建築用には約61cm以下の中型又は小型のものが適当である。

定盤は正しく水平に据え，のこぎりは定盤と直角に取り付けることが大切である。のこ板は回転軸を２枚の歯押さえで挟み，ナットで適度に締め付ける。

丸のこの回転数は，1800〜4000回／分ぐらいである。回転が速すぎると，のこぎりが摩擦により熱を起こして変形し，回転軸の近い部分と歯の部分の平衡が失われ，ついにはのこぎりが使用に耐えなくなるから，回転速度について特に注意し，使用中は回転の音に気をつける。異常な音は故障の証拠である。

木材を**ひき割る**には，まず木材を定盤上に正しく移動し，送りの作業者は**ひき目**を注視し，木材に軽い圧力を加える手心でまっすぐに送る。前引きの作業者はひき目が曲がらないよう送材者と呼吸を合わせ，のこびきの速度と調子を保ち，後ずさりしながら木材を前方へ引く。厚い木材を挽くときは，ひき目に**木楔**（くさび）を打ち込み，**ひき肌**を広げてのこぎりの回転を軽くする。

丸のこ盤の作業では木材のはね返りによってけがをすることがある。送りの作業者は特に木材のはね返りに注意し，ひき終わりに近づいたら，送りの手を離すか又は棒を使って押すようにして，のこぎりに指を触れることのないよう傷害を避けなければならない。

丸のこ盤には，**労働安全衛生法**により，材料の反ぱつ予防装置や歯の**接触予防装置**を備えることが義務付けられている。また，動力を遮断した場合に，回転する丸のこ軸を制動するための**ブレーキ装置**，丸のこを取り換える際に丸のこ軸が回転することによって生じる危険を防止するための，丸のこ**軸固定装置**を備えることも義務づけられている。

丸のこ盤の機構には，テーブルや軸の構造により，移動式，固定式，昇降式，傾斜式など様々な形式がある。実際には，これらの形式がいろいろ組み合わされているため，作業の安全性や用途に応じて最も適した形式のものを使用する。

（1） テーブル傾斜丸のこ盤

図２−62(a)に示すものは一般に，昇降盤，傾斜盤，傾斜丸のこ盤ともいわれている。のこ軸が固定され，テーブルが昇降及び傾斜するもので，丸のこでの仕上げびき作業のほかに各種カッタを取り付ければ，敷居・鴨居の溝突き，板の合じゃくり，段突き，欠込みなど広範囲の作業ができる。また，側面にはほぞ取り装置（補助テーブル）がついているも

のもある。

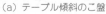

（a）テーブル傾斜のこ盤

（b）横切り丸のこ盤

図2−62　各種丸のこ盤での作業

（2）　リッパ（リップソー）

リッパは，主として縦びき用として用いられる（図2−63）。従来の丸のこ盤での縦びきは，材のはね返り，材の引き締まりなどがあり，危険で不正確，非能率的な作業とされていたが，リッパの出現は，丸のこによる縦びき作業を合理的，能率的にした。

リッパには，はね返り防止つめ，必要に応じて反発防止つめを備えることが義務付けられており，加工材の反発などによる作業者への災害を防止するように注意が払われている。加工材の厚さ合わせ時に反発防止つめを上方にはね上げ，その

**図2−63　リッパによる
　　　　　縦びき作業**

まま切断すると，加工材や切片が手前にはね返されて，大きなけがをするおそれがある。駆動用のスイッチを操作する前に，反発防止つめが降りていることを必ず確認する。

3．6 帯のこ盤

建築用には丸のこ盤が多く使用されるが，幅広の材を挽くためには，図2－64に示すような帯のこ盤も便利である。主要部は，**のこ輪，定盤，のこ身，のこ押さえ**などで，のこぎりを上下にあるのこ輪に掛けて回転させ，定盤面で材を送って挽く。

製材用の大型の帯のこ盤は，電動式の送材車を設け，大材を能率よくひき割ることができる。帯のこは丸のこに比べ，その**ひき減り**は1／4～1／3であり，ひき肌にむらを生じない。動力も丸のこ盤よりはるかに節約できる。

図2－64 帯のこ盤による
ひき割り作業

2個ののこ輪は，普通，上下に配置し，下部の動力を受けて回転するのを**動輪**と呼び，上部はのこ身を支えて回転する。これを**被動輪**と呼ぶ。この2個ののこ輪は直径が等しく，同一の垂直な平面になければならない。被動輪は動輪より重量が軽く，ハンドルによって昇降され，のこ身に適度の緊張を与える。1日の作業が終わったときは被動輪を下げて緊張を緩めておき，この点の傷みを避ける。

帯のこ盤の取扱いに当たって大切なことは，作業中に帯のこが外れたり，切れたりしないように取り扱うことで，このためには各部の調整を正しく行うこと，無理な作業をしないことである。また，のこ刃の回転中に切れた帯のこは，機械の側方に激しく飛ぶので作業者は帯のこ盤の右側（せり側）に立たないよう注意しなければならない。

3．7　刃物研磨機

　刃物研磨機は，かんな機械の刃などの刃
物を研ぐもので，自動式のものと手動式の
ものがある。いずれも金剛砥石及び仕上げ
砥石が回転し，これに切れ刃を適当な切れ
刃角度で触れさせて研磨する。

　全自動刃物研削盤（図2－65）は，刃物
をセッティングするだけで，粗研削から仕
上げまでの一連の工程を全自動で行う機械
である。砥石面に注水する装置がついてお
り，研磨中の加熱による焼もどりを防ぐこ
とができる。

図2－65　全自動刃物研削盤による研磨作業

3．8　角のみ盤

　木材に穴をあけるには螺旋錐，くさり刃，
角のみなどを回転軸に取り付け，その運動に
よって能率よく穴を穿つことができる（図2
－66）。

　角のみ盤は，きりと角のみを組み合わせ，
きりの回転によって穴を穿つとともに，穴の
位置を決め，角のみを取り付けた軸が上下
し，所要の穴の深さに止めることができる。

　角のみ盤には手動式のほか，空気圧又は油
圧で加工材の固定やヘッド昇降を自動的に行
うエア式角のみ盤と油圧式角のみ盤がある。

図2－66　角のみ盤による
　　　　　穴掘り作業

　手動式の角のみ盤は，穴掘りに多大な労力を使うので，建築分野では，柱の中心に穴が
掘れるように加工材を固定できる油圧式角のみ盤が普及している。

　穴を材軸に対し正しく直角にあけるには，のみが台盤に対し常に直角に保たれているよ
うに取付けを正確にする。また，きりの焼もどりを起こさないように徐々に上下させる。

　長い加工材の端穴を掘るときの加工材取付けは，押さえた指が材の自重で持ち上げら

れ，角のみに接触しないように補助台を使用する。

　通し穴は捨て板を敷くか，両面から掘る。

3．9　ほぞ取り盤

　主に材料の端部にほぞをつくる機械で，角
のみ盤と同様に，ほぞ組み工作用として重要
な機械である。機構は，ほぞの厚さが調整で
きる一対のほぞ加工用丸のこと，胴付きを加
工する一対の丸のこで構成されている。材を
固定し，二対の丸のこを昇降させるハンドル
を上下に動かすだけで加工ができるように
なっている（図2−67）。

図2−67　ほぞ取り盤による
　　　　　ほぞ取り作業

3．10　その他の機械

　これらの木工機械のほか，手押しかんな盤，一面かんな盤，横切り盤，溝突き盤，昇降
盤をコンパクトにまとめた**万能木工機**，機能を複合化した**仕口加工機**，小型化した移動用
の各種機械がある。

　現在の家づくりは，部材の墨付けから継手仕口の加工までコンピュータ制御された加工
機（図2−68）で行う機械プレカットシステムが主流となっている。木造軸組構法（在
来構法）では，構造材から垂木・間柱などの羽柄材，床・野地合板に至るまでプレカット
システムで生産することにより，工期短縮，生産安定，コスト削減が実現している。

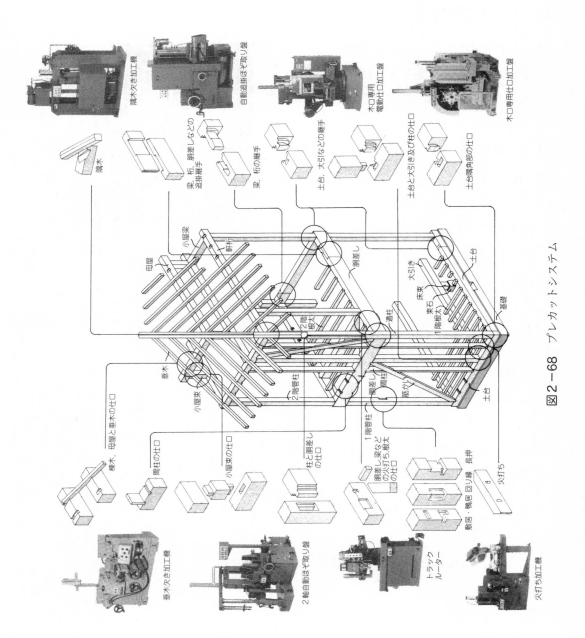

図2-68　プレカットシステム

第4節　構造材の墨付けと切組み

　設計図書に基づいて，土台，柱，桁，小屋組などの部材の切断，仕口，継手の工作をするための墨線を書くことを**墨付け**といい，墨付けに従って切り組むことを**切組み**という。

　本節で学ぶ工作法は，通常は，設計図書に詳細を示していない。設計者は建築大工の正しい技能に期待している。仕口や継手が明記されていないときは，すでに学んだことから技能者の良識をもって判断して行うことが大切である。新しい建材やプレカットが主流となった昨今，無垢の木材を扱い，格式高い和風住宅を手掛けられる大工は稀少である。大工にとって，木取り，墨付け，手刻みは必須技能であり，先人の知恵や教えは，機械プレカットに頼らない家づくり，リフォーム，増改築に対応するための手がかりとなる。図2－69に木造軸組構法による2階建て住宅の構造例を示す。

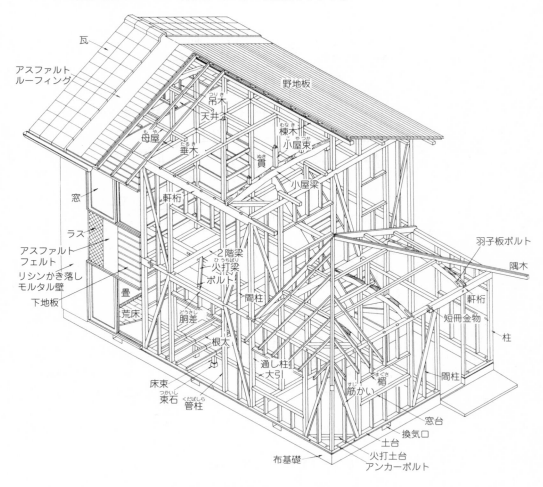

図2－69　木造軸組構法による2階建て住宅の構造例

4. 1　現寸図・尺杖・番付け

（1）現 寸 図

　設計図には，**平面図**，**立面図**のほか，建築物の高さ関係を詳細に示す**矩計図**があり，さらに構造細部について**部分詳細図**がある。これらの図面から，各部材の寸法を求め墨付けを行う。この場合，設計図から詳細の寸法が得られないときは，判明している寸法で**現寸図**を描き，これから実測して不明の寸法を求める。現寸図は，合板に墨で描き，必要によってはこれを型抜きし，型板として加工する部材に当てて**墨付け**する。

（2）尺　杖

　長い木材を墨付けするとき，さしがねで何回も測ると寸法の取り違いや誤差が生じやすいので，長さ3.6〜4.5m（12〜15尺），幅40mm角程度の素性の良い木割材に，正確に寸法をとって，**基準尺**とすると便利である。これを**尺杖**といい，図2−70に展開図例を示す。

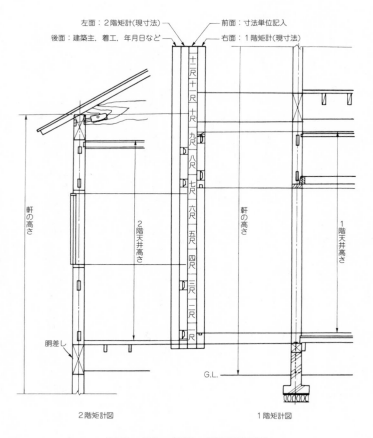

図2−70　尺杖四面展開図例

横架材の尺杖は，1尺ごとに目盛を印し，基準尺となる3尺（909mm＝半間）ごとに目印を記入しておく（図2−71）。高さについては，基準尺に土台・敷居・鴨居，天井，軒，胴貫の高さなどを記入しておく。これを柱杖（矩計杖）ともいう。

図2−71　尺杖の目盛

（3）番 付 け

木造建築は，多数の部材で構成されている。多くの土台・柱・桁などの部材配置を形状で区別することはできないが，記号を付けておけば便利である。平面図に，柱割りにより，縦・横のそれぞれの方向（**通り**）に記号を付けることを「番付けをふる」という。番付けの例として，図2−72に示すように，い・ろ・は……通り，一・二・三……通りとし，「は三」とすれば，その位置は1箇所である。

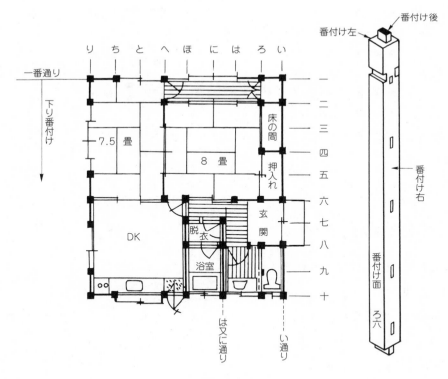

図2−72　番 付 け

　番付けの記号などの書き方は「地方」又は「指導者」によって特徴があり，関東地方に多く見られるのは図のような「下り番付け」である。また地域によっては「……三，二，一」と梁間方向が逆になる場合もあり，これを「上り番付け」と呼んでいる。番付けの上側を頭（かしら），同じく下側を尻と呼び，柱・束などの場合，番付面（字面）は必ず尻側となっている。ただし「上り番付け」では番付けの上側が尻，下側が頭となることもあるので注意する。

　また，各番付け通りの間に柱を配置する場合，番付けに「又」の記号を付加して表す。この図面を工作の間中持ち歩くので，薄板に墨で書いたものを用い，これを板図（絵図板・手板）という。

　板図に用いる記号を図2－73に示す。

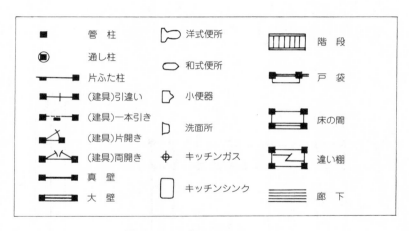

図2－73　板図に用いる記号

4．2　木材の選別・配材

　墨付けに先立ち，木材を見極め適材適所に使う。

（1）樹　　種

　木造建築では，数種類の樹種を用いる。土台には，ひのき・べいひ・ひば・くりなど。柱は，ひのき・べいつが・べいまつなど。胴差し・桁・梁材には，すぎ・ひのき・まつ・べいまつ・けやきなどである。

　これらの樹種の判別ができるように心掛けておく。

（2）木取り，使い方

木取りについては，墨付けのときの注意を挙げると，胴差し，桁，梁の横架材は，木の背を上に使うのが原則である。ただし，土台やつか立床の大引きは，木の背を下に用いる。

柱は，自然の立木の状態に用い，逆木（さかぎ）には使わない。

継手の相互の材は，元口と末口（送り継ぎ）又は末口と末口（行き合い継ぎ）とし，元口と元口（別れ継ぎ）を避ける（図2−74）。

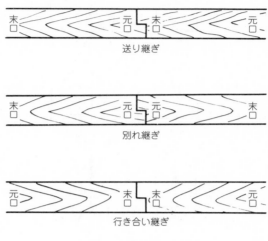

図2−74 継手の木取り

（3）品 質

木材は，製材の日本農林規格（JAS）により等級が定められており，等級が印刷してある。木工事では，特記がない限りJASに適合するもの，又はそれと同等以上の性能を持つものを使用する。

木材は，節，きずなどの欠点の全くないものは高価であり，手に入れることが難しい。欠点の避けられない材料として，欠点を補うように上手に使うよう心掛ける。墨付け前に，見え掛かりの化粧材は，各材を見極めて使う場所を定める。構造材のうち，特に横架材では，繊維の傾斜（目切れ）のある材は，曲げ耐力を低下させるので，避けるようにする。

4．3 軸組の墨付け

墨付けは，材の加工に必要な記号・符号を付ける作業である。加工工作は，これに従うので，明瞭・正確さが必要とされる。

記号・符号は作業者の意を伝達するものであるから，その範囲などについては十分打ち合わせて誤りのないようにする。図2−75に示す記号は，尺杖・遣方・加工に用いられ，合印と呼ばれる。

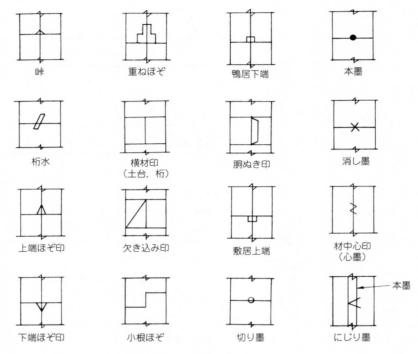

図2-75　墨付けに用いる合印

土台：材幅の心墨（芯墨・真墨とも表記する。）を墨打ちし，尺杖を利用して通り心（基準墨）を印す。仕口大入れまでの心返り寸法や，相手材のあり掛けに返り墨を印しておく。心墨から一尺返すことが多い（図2-76）。大引きの継手は，床束心から150mm内外持ち出す（フラット35　対応木造住宅工事仕様書）。

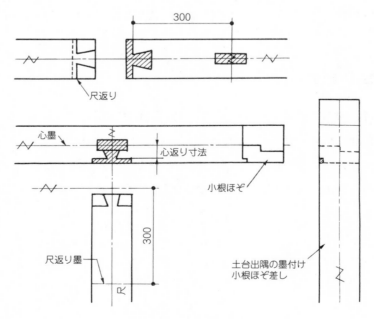

図2-76　土台の墨付け

柱：番付面（字面）に注意し，見え掛かりの場合は柄（ほぞ）に書く。**管柱**は，土台上端から胴差し下端までの長さを尺杖で移し，適切な向きにほぞを付ける。化粧になる柱では，見え掛かりになるところを避けて，番付けを付けておく。

桁，梁，母屋，棟木，胴差し：側面に**峠墨**や**峠下がり墨**を打つ。なお，**峠**とは，桁，母屋などの通り心と垂木下端との交点をいい，高さ方向の基準となる。垂木が取り合う場合は，垂木欠きの墨を打つ（「第3章　規矩術」参照。）。胴差し，桁などの仕口では，柱心からの尺（もしくは300mm）返り墨を付けておき，組み立てた後，柱心との距離を測って確かめる。継手は，尺杖で，次の柱心とを合わせて長さを調べる（図2−77）。

　小屋梁（丸太梁，太鼓梁）の湾曲が大きいときは，峠墨とさらに**上がり墨**を打つ。このことを**梁算段**といい，丸太梁の継手，飛び梁の仕掛けなどは，すべてこの峠墨，上がり墨を基準にして工作する（図2−78）。

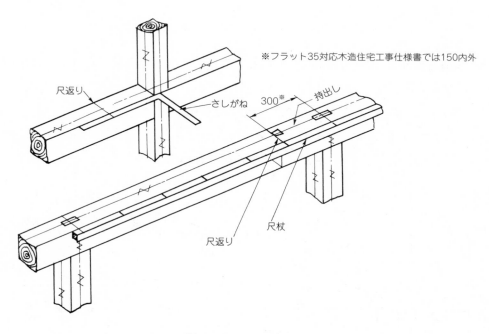

図2−77　尺　返　り

小屋束：柱同様に番付を印す。小屋束の長さは，次の計算により求める。

　　峠間の距離＝屋根勾配×地の間（桁心より求めたい小屋束心までの水平距離）

　　小屋束の長さ＝峠間の距離−桁峠からの胴付までの上がり寸法−母屋峠（棟峠）から胴付までの下がり寸法＋各ほぞの長さ

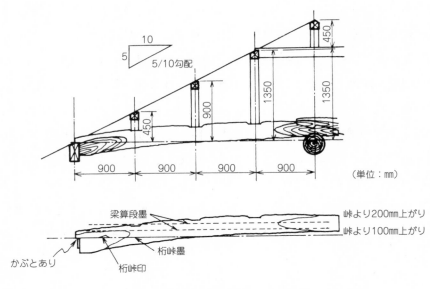

図2-78　小屋丸太梁の墨付け

例　屋根勾配4／10，母屋間隔900mmとする。この，一の母屋峠高さ，二の母屋峠高さ，棟峠の高さを求める（図2-79参照）。

　（答）　一の母屋峠の高さ＝4／10×900＝360mm

　　　　　二の母屋峠の高さ＝4／10×1800＝720mm

　　　　　峠の高さ　　　　＝4／10×2700＝1080mm

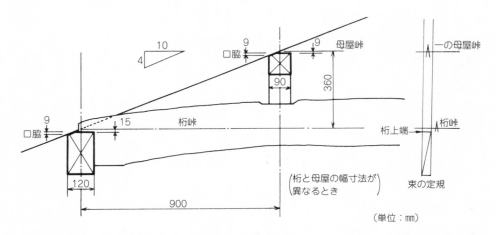

図2-79　桁上端より峠が上がっている場合

筋かい：筋かい定規を用いて，長さや端部仕口の角度を写し取り，正確に墨付けする。筋かいが軸組の変形を防ぎ，地震・風などの水平力に対して有効に働くためには，適切

な配置と施工が重要である。

火打ち梁，火打ち土台：現寸図を描き，型板をつくり，これにより正確に墨付けする。歪みを防ぎ，水平剛性を高めるための部材で，仕口にゆるみがあっては効果が乏しくなる。

第5節 野地・壁下地

5．1 野 地

野地作業は，次の造作工事，瓦工事，左官工事などを計画どおり進めるために，また雨天などで工程が遅れないように，建前が済んだら手ぬかりなく速やかに作業を実施するようにする。

（1）垂 木

垂木打ちにかかる前には，小屋束の建て入れを直し，振れ止め（束つなぎ），桁行筋かい（雲筋かい），梁間方向の小屋筋かいを取り付ける。小屋束が傾いていたり，棟木，母屋が曲がっていたりしては，平らな野地面を得られない。また，垂木の継手は乱に配置し，母屋上端でそぎ継ぎとする。強風による軒の吹き上がりを防止するため軒先部は金物で留め付ける。

（2）軒 回 り（図2−80）

軒の出を定めて垂木鼻を引き通し，この墨にならって垂木鼻を切りそろえ，鼻隠し（端隠し），広小舞を取り付け，軒裏は化粧裏板を幅をそろえて張る。縁側のような化粧軒の広小舞は厚い材を用い，さらに淀を重ねて取り付ける。淀が破風板の上端を打ち回るとき，これを**登り淀**又は品板と呼ぶ。

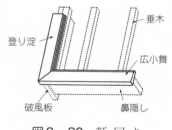

図2−80 軒 回 り

（3）破 風 板

破風板が棟木の部分で拝みに仕合わす墨線は，平勾配の返し勾配の矩使いによって求める。この仕口は，普通，**目違い入れ**とするが，拝みの上部は，心持ち（破風板幅の1／100程度）すき加減に工作しておいて，後日，小屋組構造材の乾燥収縮及び変形によって，密着するようにするのがよい。破風板には，眉と呼ぶ化粧削りを施したり，社寺仏閣

では棟木，母屋の木口に懸魚（げぎょ）を取り付けるなど，意匠を凝らすことも多い。

（4）　瓦　桟（かわらざん）

　下地（野地板）にアスファルトルーフィングなどの防水性のある下葺（したぶ）きを施し，瓦のふき足寸法に合わせて，野地面に墨線を打ち，これにならって瓦桟を垂木ごとにくぎ打ちする。軒先には瓦と瓦の上下重なりを考慮して，瓦桟より断面の大きい端桟（はなざん）を取り付ける。瓦桟のくぎが垂木当たりを外れると野地を打ち抜いて見苦しいので，化粧野地は特に注意する。

5．2　壁　下　地

（1）　間　柱（まばしら）

　壁の下地材である間柱は，壁の種類（大壁，真壁）や壁仕上げ材の種別によって，断面寸法が異なり，一般に910mmモデュールの場合は，455mm間隔に配する。

　筋かいは建物を地震や強風に耐えるよう，丈夫にする目的で設けるものであるから，間柱当たりは，間柱の方で欠くようにし，横架材や柱との取合いは，筋かい金物など，設計図に示された仕様に従って締め付ける。

（2）　通　貫（とおしぬき）

　和風真壁の通貫は柱身に十分差し入れ，くさび締め又はくぎ打ちする。窓下貫はくさびを貫の下から打ち，胴貫・内法貫・天井貫などはくさびを上部から打つ。

（3）　塗り小舞（塗り込め貫）

　柱間1.35m以上の壁面には，塗り小舞を取り付ける。塗り小舞は主要な室に対し，見返し勝手に設ける（図2−81）。竹小舞は塗り小舞の面へ欠くもので，主要な室の壁面に，壁土の塗りしろを十分とるためである。

　窓や入口のない長い壁で，約900mmごとに入れる縦の塗り込め貫下端は，胴差しや土台に突き付けとせず，30mmほど短く切る。これは後日壁土の自重のために壁貫がたわみ，塗り小舞が湾曲して，壁にはらみを起こす原因を防ぐためである。

（4）　木 ず り

　木当たり木ずり幅に必ずくぎを2本打ちとし，間隔は木ずりの厚み程度とする。継ぎ目は乱にする。さもないと，仕上がった壁面にき裂を生じさせる。

　また，赤み（木の芯に近い部分からとる材）は，しみが出るおそれがあるので（白色仕上げの場合）なるべく使用しない（図2−82）。

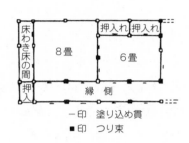

図2−81　塗り小舞の取付け勝手

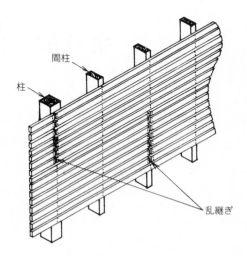

図2−82　木 ず り

（5）　せっこうボード（プラスターボード，耐火ボード）

　防火性能が高く，クロス張りや塗装仕上げの壁下地として最も一般的に使用されている。左官仕上げ用の**せっこうラスボード**は，取付け下地である貫・胴縁にGN40をくぎで打ち付ける。くぎはボード周辺部から10mm程度内側に約100mm間隔で，その他の中間部は150mm以下で打つようにする（図2−83）。

（6）　その他の面材下地

　壁下地として構造用合板，各種ボード類が用いられる。構造用合板は柱，間柱などに**N50くぎ**

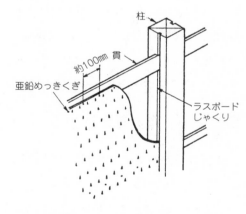

図2−83　せっこうラスボード

を150mm以下の間隔で打ち付ける。耐水性を増した**シージングボード**（防水ボード）は木質繊維を固めたものであり，軟質でくぎ頭がめり込みやすいため，頭部径の大きい**SN40**くぎを，1枚の壁材につき外周部分は100mm以下，その他の部分は200mm以下の間隔で打ち付ける。1階及び2階部の上下同位置に構造用面材の耐力壁を設ける場合は，胴差し部において相互に6mm以上のあきを設ける。

第6節 床　張　り

6. 1　1 階 床

　従来，床を張るときは，屋根に瓦が全部載ってから行うのが順序であった。これは，瓦の重さを受けて，柱の胴付きが密着し，地業も落ちついて床張り後の狂いを避けるためである。また，床は平坦に仕上げることが大切である。まず水糸を張って**床腰**（敷居上端）を引き通し，各柱ごとに床腰を印すと同時に，柱の通りや居所を固定して**床張り**にかかる。このとき，特に注意することは，窓・出入口など建具の入る柱の横内法は，上下が正しく同一幅でなければ建具の建付けがうまく納まらない。柱の居所に狂いのないよう心を配ることが大切である。畳敷きの床は畳厚を標準厚さ55mm〜60mm（JIS A 5902）にとり，床板上端とする。大引きを配り，床束を立て込み，根太を渡して床板を張る。根太の間隔は，畳床の場合は450mm間隔を標準とし，フローリングの場合には300mm間隔を標準とする。

　最近では，根太を設けずに24mm以上の構造用合板を用いて水平剛性を高める剛床工法（根太レス工法）が主流となっている。床下地を先行して張るため，根太を設けた床組に比べ施工性がよい。また，剛性が高いので火打ち材を省くことができる。

6. 2　2 階床組と床張り

　床張りにかかる前には，2 階梁や胴差しの床組の納まりをよく調べ，金物をしっかり緊結する。根太を用いる場合の欠き込みには，根太を渡りあごにするか，根太を転ばして打つなどの方法がある。根太を用いない場合，厚さ24mm以上の構造用合板をN75くぎを用い150mm以下の間隔で平打ちして固定する。

　荒床板は畳下であるが，合じゃくりなどで板の継ぎ目から**ちり**や**ごみ**が階下に落ちるのを防ぐのがよい。

6. 3　床板の張り方

　床板の張り方は，ひき板や合板などを下張り（捨て張り）した上に仕上げ材を張る場合と下張りなしで施工する場合がある。下張りなしで施工する場合は，フローリングの表裏とも直接大気にさらされ，湿度条件も異なるため，床の反り上がりなどを防ぐ対策として，根太間隔を適度に狭くするか，スクリューくぎを使用することもある。

　床板の割付けは室の中心から行い，寸法の調整は出入り口を避け，窓際で行う。床板は下地の根太と直交するように張り，長手方向の床板の継目は必ず根太の中心で継ぐ。床板の継ぎ目には，**突き付け継ぎ・相欠き継ぎ**（合じゃくり継ぎ）**・敷目板継ぎ・さねはぎ継ぎ・雇いざね継ぎ・合くぎ継ぎ**がある（図2−84）。

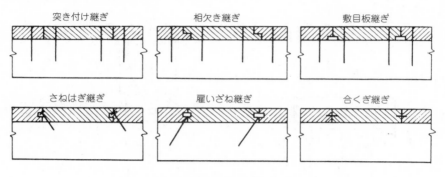

図2−84　床板の張り方

　現在主流となっているフローリング材には，無垢の木の一枚物を加工した単層フローリングと，薄くスライスした単板を合板などに上貼りした複合フローリングの2種類がある。縁甲板は単層フローリングの一種に該当する。フローリング材は，図2−84のさねはぎ継ぎのように，板を組む時に凸部分（雄ざね）を凹部分（雌ざね）にはめ込む本ざね加工が施されており，浮き上がりを防ぎ，打ち込むくぎを目立たなくしている。板の継手は乱にし，接着剤を併用して小口のさね肩を傷つけないように雄ざねのつけ根からくぎで留め付ける。幅木や敷居にかかる板ほぞは，板の伸縮を考慮して隙間を設ける。

第7節　造作材の下ごしらえと取付け

7．1　下ごしらえ

　造作のできばえは，下ごしらえに関係することが多い。

　下ごしらえの前に，木材の節・きず・曲がり・木質などを調べ，材の使い勝手を決める作業を木取りという。木取りが適切であれば，木材の品質が一段と高まり，造作の仕上がりはさらによいものとなる。また，各部材の寸法や取付け位置は柱寸法を基準として決めるが，これを木割りという。

（1）敷居・鴨居

　幅は柱の太さから，柱の**面内寸法**又は**柱と面一**などによって決まる。縁側の方は柱の面

内に納め，畳敷き側は柱面にそろえる。敷居・鴨居ともに木表側に溝を突く。溝は普通，21mmに仕上げる。中樋端は，一般の住宅建築では雨戸15mm，ガラス戸・紙障子12mm，ふすま約9mmに仕上げる。したがって溝の墨打ちは，建具の種別を調べてから行う。図2−85に中樋端と建具の納まりの例を示す。

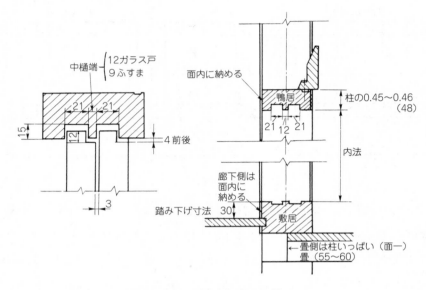

図2−85　中樋端と建具の納まり

和室の床は縁側・廊下などの床より30mm（踏み下げ寸法）程度下げるのが従来の納まりであるが，現在は，段差をつけないバリアフリーにするのが一般的である。

大壁開口部の枠材は，壁厚や額縁の納まりによってその寸法を決める。枠には戸当たりや戸じゃくりをつける。床に接して戸を受ける部分を沓摺ともいう。下枠はつけずに床板を連続させる場合もある。

（2）長押，回り縁

長押，回り縁は，仕口部で木目や色味が合うように木取る。下ごしらえで難しいのは，長押，二重回り縁など重ね面の加工である。木材はなるべく重ね面の方に，互いに反り勝手に使うのが，取付けの際密着をよくするので適当である。合わせ面は陸台のかんなでむらなく通りよく削り，かつ

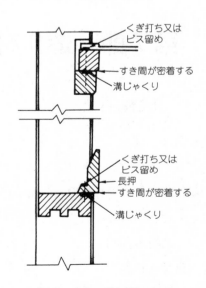

図2−86　重ね面の加工

見付けと直角に仕上げる。

　鴨居，回り縁などはその上端に浅く**しゃくり**を付けて，密着をよくする（図2−86）。

（3）砥の粉

　柱材や造作材は，削り仕上がったら砥の粉を水に溶いて塗っておく。砥の粉を塗っておけば汚れが木肌にしみ込まず，水ふきすればきれいに消し取ることができる。縁甲板は，張り上がったら濃いめに砥の粉を塗っておく。天井板，床の間材など削り肌を賞美するものは，砥の粉を塗らないのが普通である。

7. 2 取 付 け

（1）敷居・鴨居

　内法材は，直角に切って仕合わすものではない。柱面に多少のくせがあるから，さしがねを使ってその**くせ**を写す（図2−87）。左右の柱にぴったりと内法材を当て，内法材の側面にさしがねの長手を添え，そのままさしがねを柱面へ移動し，柱面の当たった点を勝手に合わせて内法材の面へ印す。柱面の傾き及び面は，これに添えたさしがねの反対の矩の手を内法面へ印す。胴付きの墨線はこの印から矩を巻いて求める。鴨居の墨付けや取付けに使用する用具を図2−88に示す。

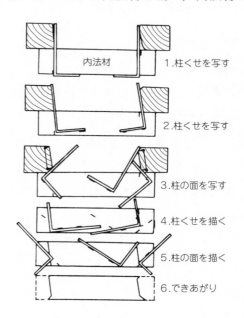

1.柱くせを写す
2.柱くせを写す
3.柱の面を写す
4.柱くせを描く
5.柱の面を描く
6.できあがり

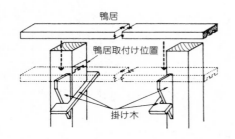

図2−87　柱くせの墨付け

　内法材の取付け（図2−89）は木から生えたように，隙間もなくぴったりと仕合わせる。それには内法材に柱間を写した寸法より，心持ち長く工作する。その長さは一様には言いがたいが，内法材の長さ300mmにつき0.15mmぐらいを標準とする。

　敷居は一方を目違い入れ，他方を栓を差して平らに納めるが，**鴨居**は中央部で1／1000程度のむくりを付けて，建具の動きを軽くする。

　敷居も鴨居も取り付ける前に，柱当たりや内法木口を十分**木殺**しし，工作を印した鉛筆
の跡をよくふき取ってから，水を与えて一気にさらい込む。

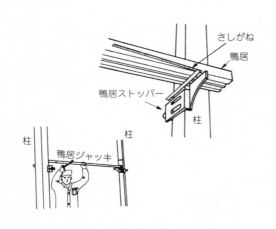

図2-88　鴨居墨付け・取付け用具

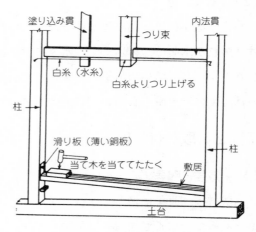

図2-89　内法材の取付け

（2）長　押

　長押下端の留めは柱の真角に納まらな
いと見苦しい。長押は柱に襟輪欠きで取
り付け，鴨居にはくぎじゃくりやくぎ彫
りから，くぎや木ねじで留める。図2-
90は，長押の仕口を示したものである。
長押の木口を隠す**ひな留め**は，木工用接
着剤を用いて取り付ける。

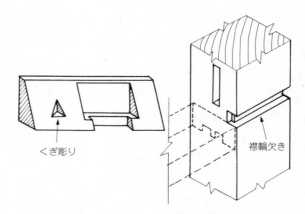

図2-90　長押の工作

（3）天　井

　水糸を張って柱の回り縁欠きの通りを調べ，回り縁の隅の取合いは，一般に下端留め目
違い入れとし，くぎ，木ねじ，楔などで留める。竿縁は回り縁に落とし込み，1本ごとに
通りを正す。両隅の天井板が同じ幅になるように，回り縁に割り付けを印し，張り始め，
張り仕舞いの天井板は，割り付けに基づいて事前に加工する。天井は平らに張ったので
は，中央が垂れ下がって見えるため，若干の起りをつけておく。つり天井の仕口を図2-
91に示す。なお，天井張りは敷居・鴨居などの内法材の取付けがすんでからやるのが手
順である。

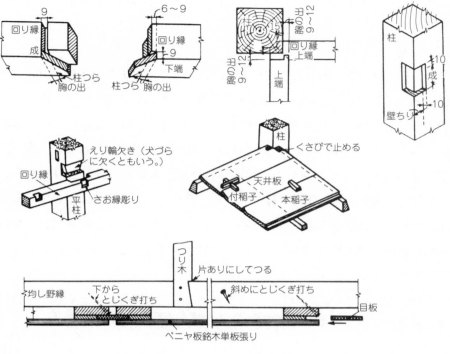

図2−91 つり天井の仕口

(4) 縁 側

建物の縁（へり）部分に設けられた板敷き状の通路であり，従来は床を敷居上端より30mm程度低く張っていた。最近は，つまずかないように段差を少なくしバリアフリーにすることが多い。床は**水下り**といい，縁框の方へ縁側幅900mmにつき6mmぐらいの傾斜を付ける場合もある。

縁甲板は縁框の方から張り出し，**張り仕舞**は敷居の蹴上じゃくりの陰で逃げるのが手段である。縁甲板はなるべく**木工事**の最終の工程で張った方が，床板の**木枯し**も十分となり，作業中の汚れやきずを受けることが少ない。根太上端を必要によりまっすぐに削りならし，縁甲板は1枚ごとに強く張り締める。

図2−92は張り方の一例を示したものである。縁甲板は張り仕舞が著しく広くなったり，狭くなったりせず，ことに**なまず形**になるのは見苦しい。板は**根太当たり**を，隠しくぎ，手違いなどで留め，板厚の**目違い**はかんなで手際よく削り払う。**雑巾摺**を打ち，仕上がったら適度に養生する。

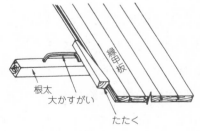

図2−92 縁甲板張り

天井は**化粧野地**とする場合が多いが，ときには普通の平らな天井を張って納めることもある。

（5）　床の間

床の間は，意匠性が高く種々の形式がある。古来より，およその木割法（基準寸法）が決まっているが，明治以降，意匠の自由度を束縛するものであるといった理由から利用されなくなってきた。図２−93に示す本床は最も一般的に採用される形式で，床柱を中心に，床框・落とし掛け・床板などで構成される。**床框**は見付け面のねじれを調べ，ねじれがあれば，左右の柱でねじれを折半して取り付ける。床板・地板などの幅の広い無垢板は，反りや狂いを防ぐために**吸付き桟**を入れる。吸付きのあり溝は，幅の１割程度の桟の入り勝手を付けて，**あぜびきのこ**（畔挽鋸）であり形に挽き，突きのみ又はこてのみで溝底をさらい，側部は**ひふくら**（樋布倉）**かんな**で仕上げる。その他，床の間回りの各種工作を図２−94に示す。

床の間の材料は，反りや割れのない造作用集成材や化粧用合板などもあり，材料表面の肌目や質感が美観上の決め手になるため多種多様である。

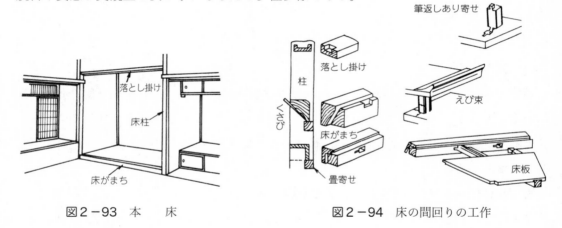

図２−93　本　　床　　　　　　図２−94　床の間回りの工作

（6）　階　　段（図２−95）

階段の形状に応じた現寸図を描いて，**蹴上・踏面**の寸法を割り出し，**側桁**も伏図どおり形作る。側桁には，段板（踏板），蹴込み板，くさび打ちのための掘り込みをする。段板は下端に蹴込み板じゃくりをし，上端は段鼻（踏面の先端）にそって滑り止めのしゃくりを施したり，市販品のノンスリップ（金属・プラスチック製）を取り付ける。

現在は，大入れ彫りにルーターや溝切りなどの電動工具を駆使するが，従来は，段鼻取り合い部をのみを使って大入れ寸法の深さに掘り，ここからあぜびきのこで引き目を入れ，側面からのみを使って工作していた。

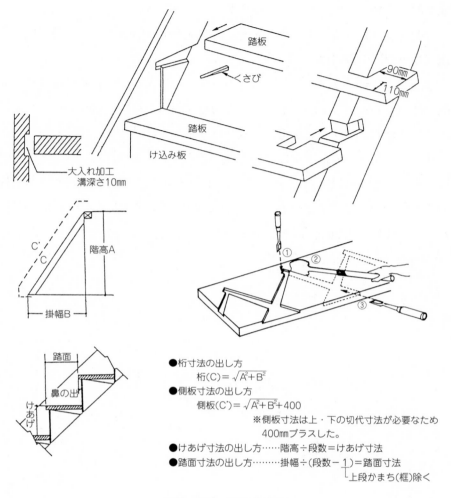

図2−95　階段の工作

（7）　窓（サッシ）の種類と納まり（図2−96）

　サッシの種類は，従来のアルミサッシのほか，木製サッシ，樹脂サッシ，アルミと樹脂の複合型サッシがある。アルミは，樹脂に比べて雨や風に対する耐久性や強度が高いが結露しやすい。一方，樹脂は熱を伝えにくいため，断熱性・防露性を高めるのに向いている。アルミの耐久性と強度，樹脂の断熱性を併せ持つものが複合型サッシである。

　また，ガラスの種類には単板ガラスのほか，2枚以上のガラスの間に空気層を設け，断熱・遮熱効果を高めた複層ガラスなどがある。さらにLow-Eと呼ばれる特殊な膜がコーティングされたガラスを使用する複層ガラスも増えている。

　サッシ枠の形状は，内付け・半外付け・外付けがあり，納まりは，耐力壁仕様の違い，

外壁内通気層，断熱材，外壁仕上げ材の種類により異なる。

　サッシ周囲からの漏水を防ぐため，先張り防水シート，防水テープで適切に止水する。

（8）　窓（サッシ）の取付け

　サッシは，柱・窓台・まぐさなど開口部のでき具合に大きく左右されるので，取り付ける前に開口部が正しくできているかどうかを初めに確認しなければならない。開口部が正確にできていなければ，サッシを正しく取り付けることはできない。

　アルミサッシの従来の取付け方については，図2−97に簡略図を示す。

　現在は，施工者が枠を組み立てることはなく，工場で組み立てられたサッシを軸組に取り付けるのが一般的であるため，図2−97④から⑥の作業となる。住宅の柱間隔寸法に合わせた多くの種類が既製品（レディーメイド）として市販されているため，取付けの詳細は，各メーカーの説明書を参照する。

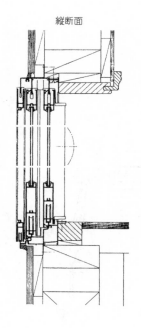

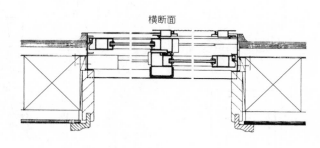

（a）半外型

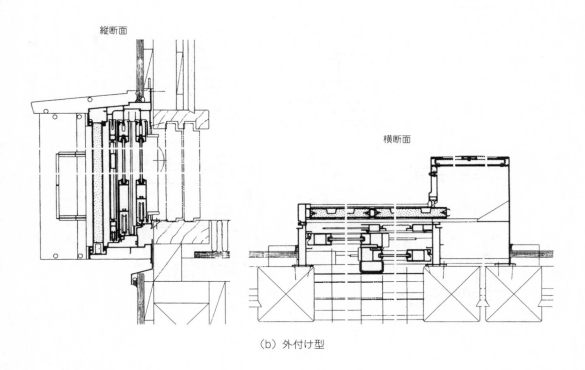

（b）外付け型

図2−96 サッシの種類と納まり図（例）

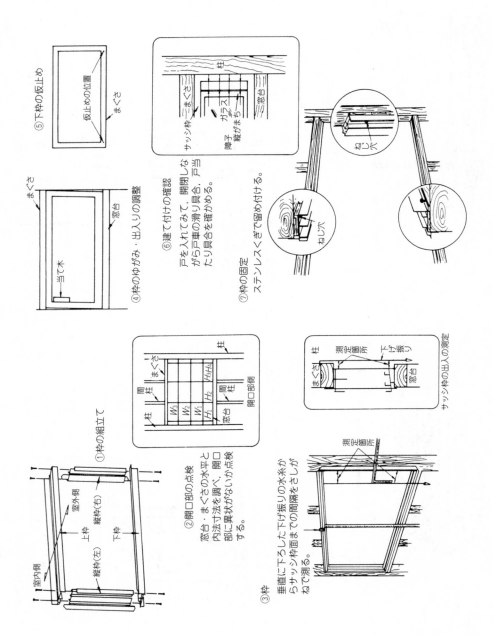

①枠の組立て

室外側
室内側
上枠
縦枠（左）
縦枠（右）
下枠

②開口部の点検

窓台・まぐさの水平と
内法寸法を調べ、開口
部に異状がないか点検
する。

③枠

垂直に下ろした下げ振りの水糸か
らサッシ枠面までの間隔をさしが
ねで測る。

測定箇所

開口部側

柱
まぐさ
間柱
柱
窓台
間柱

W_3 W_2 W_1
$H_3 H_4$
H_2
H_1

サッシ枠の出入りの測定

測定箇所
柱
下げ振り
まぐさ
窓台

⑤下枠の仮止め

仮止めの位置
まぐさ

④枠のゆがみ・出入りの調整

まぐさ
窓台
当て木

⑥建て付けの確認

戸を入れてみて、開閉しな
がら戸車の滑り具合、戸当
たり具合を確かめる。

サッシ枠　まぐさ
ガラス
障子　縦がまち
窓台

⑦枠の固定

ステンレスくぎで留め付ける。

ねじ穴

ねじ穴

図2-97　アルミサッシの取付け手順

第8節　外　回　り

　敷居・鴨居，一筋などの取付けがすんだら，なるべく外回りの作業を進め，建物が長く風雨にさらされないように，雨天の日には内部の造作をやるような段取りに運ぶべきである。

　伝統的な日本の家屋では，木製の戸袋に雨戸などを収納することが一般的であった。現在は，ガラス戸・網戸・雨戸が一体化されたアルミニウム合金製のサッシが広く用いられている。木製に比べて，軽量でさびにくく，耐久性・強さ・気密性が高く，雨仕舞がよい。また，シャッター雨戸が普及してきたため，戸袋のない住宅も増えている。

8．1　戸　　袋

（1）　戸袋の寸法

　戸袋の構造は，**妻板建て**が多いが，枚数が多いときは**柱建て**ともする。正面はがらり・ささらこ張り又は準防火構造では，モルタルで塗り包む。

　その寸法は，

　　戸袋の幅＝雨戸の幅＋緩み最小限（15mm）

　　ふところの幅＝雨戸見込み（雨戸の厚さ＋

　　　　　　　　　6mm）×雨戸の枚数

となる。

（2）　戸袋の取付け

　戸袋は皿板の取付けが急所である。**一筋敷居**の溝底を水糸で引き通して皿板の上端を求め，戸袋尻は，この引き通し墨より約2mm程度上がり気味に取り付ける。逆に皿板が下がっていると，雨戸が片下がりして滑らかに動かない（図2−98）。

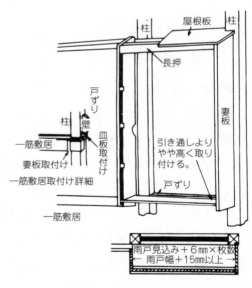

図2−98　戸　　袋

8．2　ひ　さ　し

　一般に片持ち構造（図2−99）で，和式建築では霧除けひさし，腕木ひさしがあり，洋式建築では陸ひさしなどがある。

　垂木掛けや腕木の柱と取り合う部分は，矩計図から高さを求めて，建前以前に工作を済ませておく。ひさしは２〜３寸勾配が標準である。桁の前面をひさしの出の中心に納めると格好が整う。

　腕木の取付けは特に堅固にし，柱から栓打ち又は腕木ほぞ穴を貫通して割くさびで打ち締める。

　屋根の仕上げ面には軽い材料を用い，鋼板を壁面に立ち上げるなど，雨仕舞に留意する。

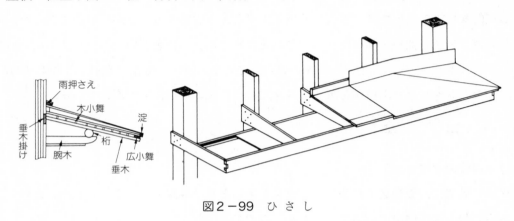

図２-99　ひ　さ　し

8．3　外壁板張り

（1）　雨押さえ

　雨仕舞が悪いのは建物の大きな欠陥である。雨押さえの取付けはこの点に留意して仕事をしなければならない。屋根ふき材や下見板の納まりなどを調べて，柱間当たりを通りよく**首切り**（鋸目）し，雨押さえを２／10〜３／10程度の傾斜を付けて取り付ける。雨押さえの継手は柱心で突き付けとし，出隅，入隅は大留めとする。

（2）　下　　見

　壁の横板張りで，水平・垂直の通りが正しくないと建物がゆがんで見える。

　和風下見や**南京下見**は，板を数枚張り上げるごとに，水糸を張って板の刃の通りを調べ，板幅を等しく張り上げる。和風下見の**押し縁**は，下見板の羽重ねの下へくぎ打ちしないと，板が割れやすいので注意を要する。

（3）　羽　　目

　板の縦張りで，外回りの羽目は板の継ぎ目の雨仕舞に気を配り，板の長手の継ぎ目は，合じゃくりして垂直に張り進める。合じゃくりの加工をするときは，板目が逆木の勝手にならないように特に注意する。

8．4　サイディング張り

　サイディング材は，壁面全面に防水紙を張るなどの防水処理を行った後に取り付ける。防水紙の重ね幅は，上下方向90㎜，左右方向150㎜以上とする。防水紙の留め付けは，ステープルで継ぎ目部分は300㎜間隔に，その他の箇所は要所に行い，たるみ，しわのないように張る。

　サイディング張りは通気層を設けない「直張り工法」と胴縁を回して通気層を確保する「通気工法」が採用されてきたが，「住宅の品質確保の促進等に関する法律（住宅品確法）」の基準が設けられ，現在は通気工法が主流となっている。

　壁体内の通気を可能にするため，胴縁は厚さ15㎜以上，幅45㎜以上とし，外壁材を張る方向により縦胴縁，又は横胴縁のいずれかを用いる。サッシ枠の周囲では，通気が可能なように30㎜程度の隙間を設ける。

　サイディング材（窯業系・金属系）の取付けは，目地通りよく，不陸や目違いがないように取り付け，出隅は役物を用いる。窯業系サイディングの施工方法は，厚さが14㎜まではくぎ留め・ビス留めとし，15㎜以上は留付け金具を用いるのが一般的である。

　サイディングと土台水切りなどの取合いは10㎜程度の隙間をあける。サイディングの継ぎ目部分は，ジョイナー又はシーリング材によって防水処理を行う（図2−100）。

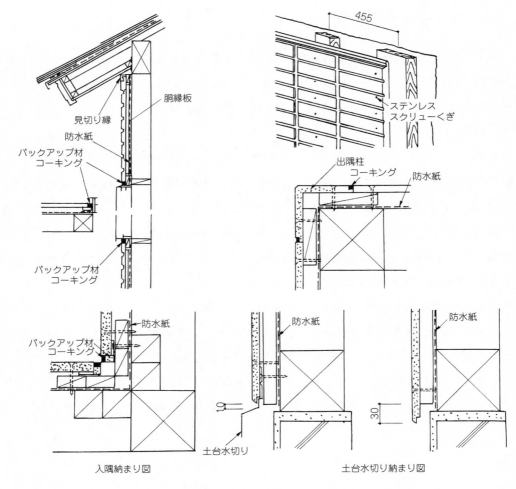

図2-100　外部サイディング横張り納まり図（くぎ留め）

8．5　ラス下地

　モルタルを塗るための下地で，木摺りと呼ばれる下地板や構造用合板の下地面材にアスファルトフェルトなどの防水紙を張り，その上にラスと呼ばれる金属製の金網を張る。下地板は，なるべく水平に通りよく，**木表見付け**とし，30mm程度の間隔に**目透し張り**とする。木当たり・板幅にくぎ2本打ちとし，5枚通り以下ごとに**乱継ぎ**とする（図2-101）。

　ラスの留め付けは，ステープルで100mm以内に，ラスの浮き上がり，たるみのないように千鳥に打ち留める。

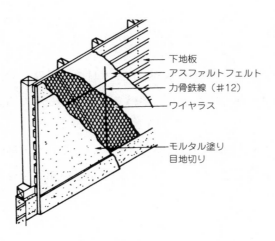

下地板
アスファルトフェルト
力骨鉄線（♯12）
ワイヤラス
モルタル塗り
目地切り

図2-101 ラス下地

第2章の学習のまとめ

　この章では，工具類の構造・使い方・手入れ，木材の切組み，造作材の取付けなどについて学んだが，常に自分の体で学び取り，学科で学ぶときも体で感じをつかむように心掛けることが重要である。

　特に工作実習では，工具類の使用でけがをしやすい。これは工具の扱い方に関する基礎知識が不足しているために起こることも多いので，正しい知識を身につけることが大切である。

【練 習 問 題】

　次の各問に答えなさい。

（1）　墨さしは，先が薄い割り込みになっているが，その役目は次のどちらか。

　①　墨汁を含ませて線を引くため。

　②　墨つぼの糸が通りよいように押さえるため。

（2）　のみの切刃角度は何度ぐらいがよいか。

（3）　大入れのみの使用目的は次のどちらか。

　①　構造材の加工用に用いる。

　②　造作材の加工用に用いる。

（4）　かんなの台下端は，材によって3種類に分けて台直しする。この3種類のかんなを挙げなさい。

（5）　次の図で，かんなの刃が裏押しされた正しい状態のものはどちらか。

(a)　　　　　　　　　　　　　　　　　　　　(b)

（6）　敷居・鴨居に溝を突くのはどちらか。

　①　木表

　②　木裏

（7）　階段の蹴上寸法の出し方で，（　　）の中に該当する語句を入れなさい。

　階　高　÷　（　　　）　＝　蹴上寸法

（8）　次の文章で正しいと思うものには○印を，誤っていると思うものには×印を付けなさい。

　①　引き違い敷居・鴨居の中樋端寸法は，ガラス戸及びふすまも同じである。

　②　通気工法のサイディング張り作業において，サイディング材は間柱，柱面に直接打ち付ける。

（9）　サッシ枠の周囲に胴縁を取り付ける場合，通気が可能なように（　　　　）mm程度の隙間を設ける。

第3章

規矩術

京都・奈良で多く見られる古来から伝わる社寺建築では，**規矩術**を基本とするさしがね使いの技術が**棟梁**から弟子に受け継がれてきた。これらの技術をこれから建築大工を目指す若い技能者が是非とも習得し，これからの日本建築に活かして欲しい。

ここでは，さしがね使いの基本，**棒隅**などについて述べる。伝統のよさを学び新しい時代の工法とあわせて，技能の習熟に励むことが大切である。

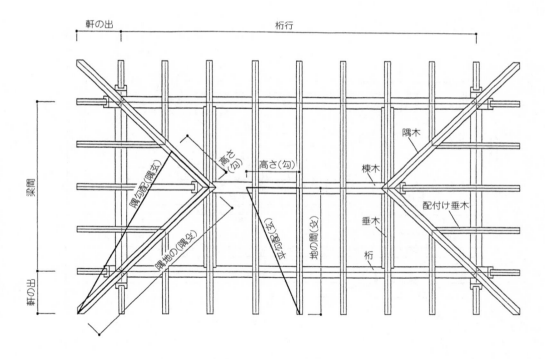

図3-1　寄棟屋根

第１節　さしがね使用法の基本

　規矩術で最も重要な用具は**さしがね**である。さしがねは長い定規と短い定規をＬ形（直角）につけたもので，長い方を**長手**，短い方を**短手（妻手）**という。さしがねの材質はステンレス製が多く，幅は15mm（**5分**）である。

　さしがねには**表**と**裏**がありそれぞれ異なる目盛が刻まれている。図３－２(a)を表と呼び，長手に50cm，短手に25cmの目盛が刻まれ，この目盛を**表目**と称している。図３－２(b)を裏と呼び，短手は表目が刻まれ，長手には２種類の目盛が刻まれている。外側には表目の平方根（$\sqrt{2}$倍）の目盛が刻まれ，この目盛を**角目**と称しているが単に**裏目**ともいう。内側には円の円周の長さを知ることのできる**丸目**と称する目盛が刻まれ，これは円の直径を丸目で測り，その寸法を表目に読み替えた寸法が円周の長さとなる目盛である。

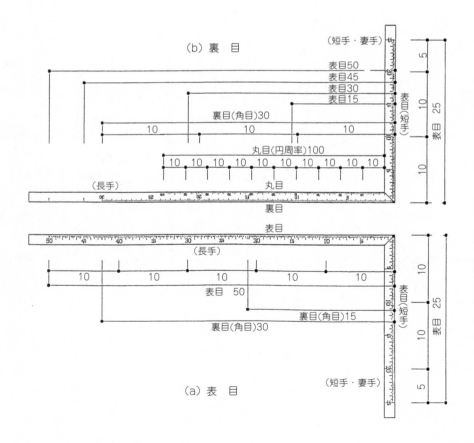

図３－２　さしがね（cm）

　なお，現場では尺目盛のさしがねも多く使用されているため図3－3に示す。尺のさしがねには吉凶尺と称する目盛も刻まれている。これは中国で門などを建築する際に縁起の良い間口にするため使用されたようだが，日本建築ではほとんど使用されていない。

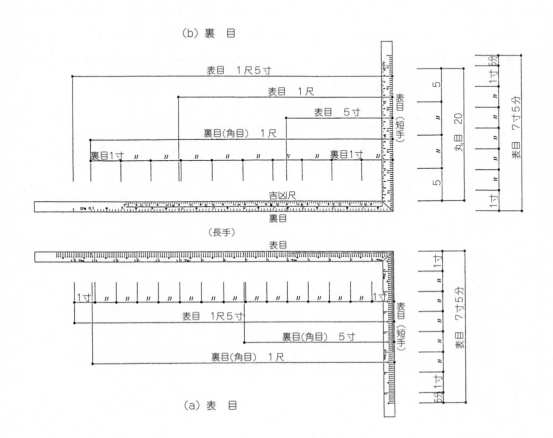

図3－3　さしがね（尺）

1．1　さしがねの表目と裏目の関係

　　正方形の１辺を表目10とすると，その対角線は**裏目**（角目）10となる（図３－４）。円の直径を裏目で測ることにより，その寸法と同じ表目寸法の１辺を持った正方形が得られる（図３－５）。また，角材の半幅を測り，材側面からその裏目で測ることで八角形の頂点を求めることができる（図３－６）。円の直径を**丸目**で測り，その寸法を**表目**の寸法に読み換えると円周の長さになる（図３－７）。

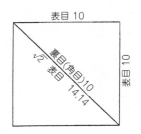

図３－４　表目と裏目の関係①

図３－５　表目と裏目の関係②

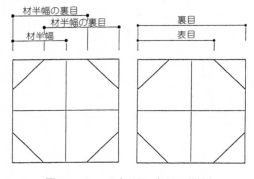

図３－６　八角形と裏目の関係

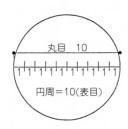

図３－７　丸目と円周の関係

　　地間（じのま）とは水平方向の長さを意味する。寄棟屋根（よせむねやね）の桁行方向（けたゆき）及び梁間方向（はりま）の地間を表目の**平地間**（ひらじのま）とすると，隅木方向の**隅地間**（すみじのま）は裏目となる。図３－８は規矩術の作図に応用されることが極めて多い。表目と裏目には次のような関係がある。

$$表目1＝裏目1×\frac{1}{\sqrt{2}}＝裏目1×0.7071$$
$$裏目1＝表目1×\sqrt{2}＝表目1×1.414$$

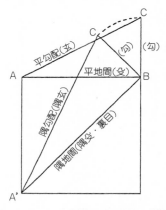

図３－８　平地間と隅地間の関係

1．2　平勾配と返し勾配
^{ひらこうばい}

　通常，スキー場や山道などの勾配（傾斜）は角度で表すことが多い（図3－9）。しかし，建築では屋根などの勾配を水平距離に対する高さで表し，例として水平距離10に対して5上がる勾配は$\frac{5}{10}$と表示し5寸勾配という（図3－10）。勾配をさしがねで表す場合は，基準線に対して図3－11のようにさしがねを使い一度に表すことができる。

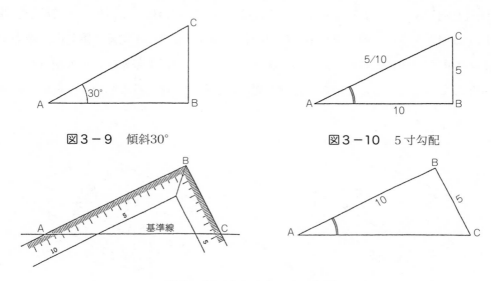

図3－9　傾斜30°　　　　　　図3－10　5寸勾配

図3－11　さしがねによる勾配

　角度が45°（$\frac{10}{10}$）の勾配を**矩勾配**と呼ぶ。それより緩い勾配を平勾配，急な勾配を**返し勾配**と呼ぶ。また，返し勾配は屋根のような水平を基準とした場合であり，柱のように垂直を基準とした場合は，**転び勾配**という（図3－12）。

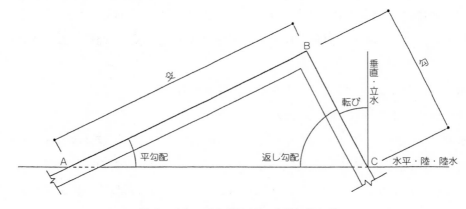

図3－12　平勾配と返し勾配（転び）

第2節　規矩術の勾配基本図

　屋根の形には，**切妻屋根**，**寄棟屋根**，**方形屋根**，**入母屋屋根**などがある。**切妻屋根**は棟を境に2方向に屋根が傾斜しているのに対し（図3－13），**寄棟屋根**は4方向に屋根が傾斜している（図3－14）。梁間，桁行の屋根が交わる稜線の部分を隅又は**下り棟**といい，この傾斜を**隅勾配**という。日本古来の木造建築では，寄棟のほかに**方形**，**入母屋**など**隅木**を使用する屋根が多い。隅木を用いる屋根部材の墨付けには，**平勾配**，**隅勾配**，**隅中勾配**などの勾配が必要になる。これらの勾配はいずれも平勾配を基本とした勾配（基本図）から変化して出てくるものである。正確な墨付けを行うには，基本図をよく理解する必要がある。

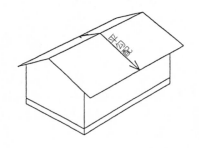

図3－13　切妻屋根

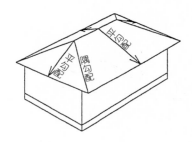

図3－14　寄棟屋根

2．1　平勾配の基本図

　平勾配の基本図を図3－15に示す。

①　水平距離（地間）ＡＢを引く，Ｂから垂直距離（高さ）ＢＣを引く，斜辺（平勾配）ＡＣを引く。できた直角三角形の各辺を**勾**（ＢＣ），**殳**（ＡＢ），**玄**（ＡＣ）と呼ぶ。

　　　勾は鈎のひっかかっているさまを示し，**立水**ともいう。

　　　殳は跨ぐ意味を持ち，**陸**又は**陸水**ともいう。

　　　玄は長辺（殳）と短辺（勾）を結ぶ直線（斜辺）を意味し，**弦**又は**弦水**ともいう。

②　勾と殳の交点Ｂから玄に直角線（ＢＤ）を引く。この線を**中勾**という。

　　　玄は中勾により2つに分割される。分割された長い方（ＡＤ）を**長玄**，短い方（ＤＣ）を**短玄**という。

③　中勾と玄の交点Dから勾に直角線（DE）を引く。この線を小殳という。

　小殳と勾の交点Eから玄に直角線（EF）を引く。この線を小中勾という。

　中勾と玄の交点Dから殳に垂線（DG）を引く。この線を欠勾という。

　勾と玄の交点Cから殳の延長線に玄の直角線（CH）を引く。この線を補玄とい

う。

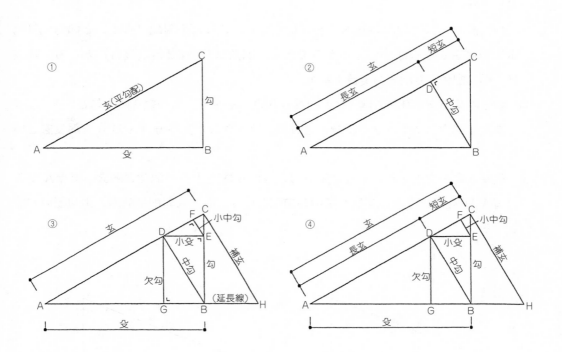

図３−15　平勾配の基本図

２．２ 隅勾配の基本図

次に隅勾配の書き順を示す（図３－16）。

① 水平距離（隅地間）A′Bを引く，Bから垂直距離（高さ）BCを引く，斜辺（隅勾配）A′Cを引く。できた直角三角形の各辺を**勾**（BC），**隅殳**（A′B），**隅玄**（A′C）と呼ぶ。

　勾（高さ）は平勾配の基本図と等しくなる。これは平勾配（垂木）と隅勾配（隅木）の高さが屋根面で等しいからである。隅殳は殳の$\sqrt{2}$倍（裏目）となる。隅玄は，隅勾配になり隅木の**実長**を示す。

② 勾と隅殳の交点Bから隅玄に直角線（BD′）を引く。この線を**隅中勾**という。

　隅玄は隅中勾により２つに分割される。分割された長い方（A′D′）を**隅長玄**という。

③ 隅殳と勾の交点Bから垂直に隅中勾の長さBD″をとり，隅殳と隅玄の交点A′から斜辺A′D″を引く。この勾配を**隅中勾勾配**という。隅中勾勾配は隅木の山勾配の勾配となる。

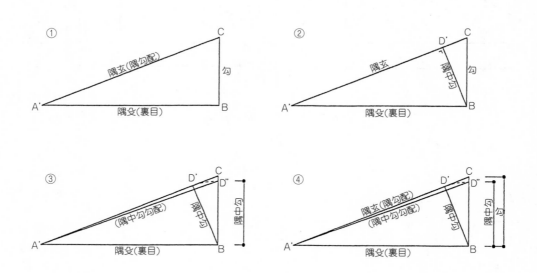

図３－16　隅勾配の基本図

２．３　基本図の組合せ

図３−17に勾・殳・玄の**平勾配**と**隅勾配**の基本図の組合せを示す。

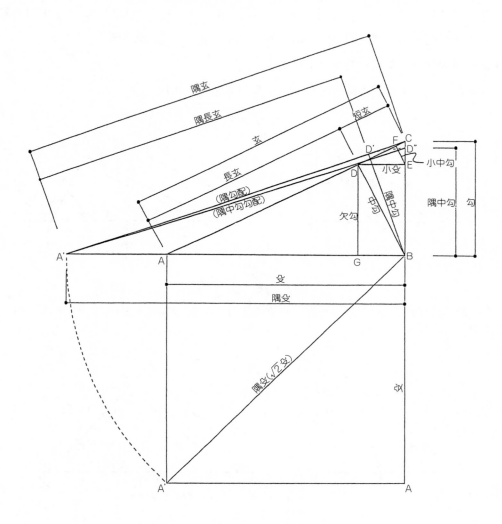

図３−17　平勾配と隅勾配の基本図の関係

２．４　勾配の種類及び勾配の出し方

勾配の種類を以下に示す（なお，すべての勾配に返し勾配がある。）。

　① 平勾配　② 長玄の勾配　③ 中勾の勾配　④ 短玄の勾配　⑤ 小中勾の勾配

　⑥ 半勾配　⑦ 隅勾配　⑧ 隅中勾の勾配　⑨ 隅長玄の勾配

また，各勾配の主な表し方を以下に示す。

　① 平勾配；殳に対して勾を立ち上げた勾配（図３−18）

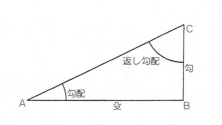
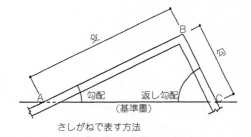

さしがねで表す方法

図３−18　平　勾　配

　② 長玄の勾配；殳に対して長玄を立ち上げた勾配（図３−19）

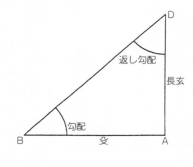
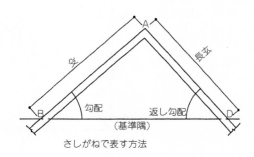

さしがねで表す方法

図３−19　長玄の勾配①

　中勾の勾配と同様に基本図の相似三角形の辺の比でａやｂでも，長玄の勾配を表すことができる（図３−20）。

　ａの玄を用いる勾配は，勾配と返し勾配が通常と反対になり，45°より鈍角が**返し勾配**となり，鋭角が**勾配**となる。

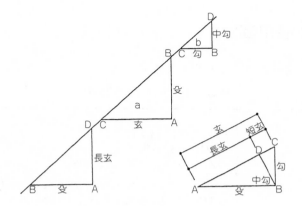

図3－20　長玄の勾配②

③　中勾の勾配；殳に対して中勾を立ち上げた勾配

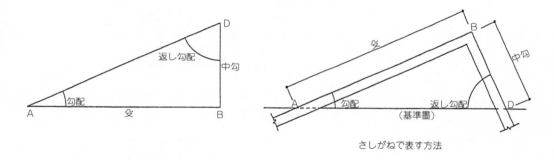

図3－21　中勾の勾配①

　基本図の相似三角形の辺の比でaやbでも中勾の勾配を表すことができる（図3
－22）。

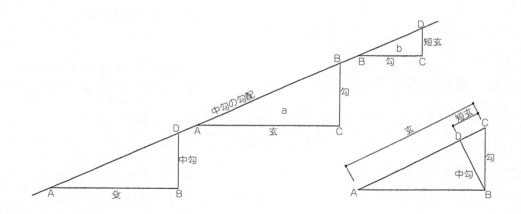

図3－22　中勾の勾配②

２．５　各勾配の使用箇所

各勾配とその使用箇所について表３−１に示す。

表３−１　各勾配と使用箇所

勾配の名称	使用箇所
平の返し勾配	・棟の部分の垂木の側面の切墨 ・配付け垂木の側面の墨 ・棟の部分の破風板（はふいた）の側面の切墨
中勾の返し勾配	・鼻隠し，広小舞の側面（向う留（むこうどめ））の切墨（垂木鼻：直角切） ・四方転びの板の側面（向う留，胴付き（く））の墨 ・柱立て四方転びの柱（曲せ取り） 　　柱脚，柱頭の切墨 　　甲板の胴付き墨 　　貫穴の方向墨 ・柱立て四方転びの貫の側面の胴付き墨と切墨
長玄の勾配 （玄の返し勾配）	・隅木上端の桁（母屋，棟木，垂木）心墨（出中側） ・配付け垂木の上端（下端）の墨
長玄の返し勾配 （玄の勾配）	・隅木上端の桁（母屋，棟木）心墨（入中側） ・隅木鼻の上端の切墨 ・鼻隠し，広小舞の上端留の墨（垂木鼻：直角切） ・四方転びの板の上端留の墨
短玄の返し勾配	・四方転びの板の上端胴付きの墨 ・柱立て四方転び（柱くせ取り）の貫の上端の胴付き墨と切墨
小中勾の返し勾配	・柱立て四方転び（柱くせ取り）の柱の貫穴の上下の墨
半勾配	・桁（母屋，棟木）の側面の隅木との取合い墨（落ち掛り墨）
隅勾配の返し勾配	・立水に納める場合の隅木鼻の側面の切墨 ・隅木の側面の桁（母屋，棟木，垂木）心墨
隅長玄の勾配	・隅木下端の桁（母屋，棟木）心墨（たすき墨） ・鼻隠しを立水に納める場合の隅木鼻の下端の切墨
隅中勾の勾配	・隅木の上端の勾配（隅木山勾配）
隅殳と欠勾の返し勾配	・鼻隠しを屋根に直角に納める場合の，隅木側面の切墨 　（隅勾配を基準とする）

２．６　基本図の各辺の長さ

勾・殳・玄の基本図，直角三角形の中に出てくる相似形の各辺の長さは，三平方の定理（**ピタゴラスの定理**）により求められる。

表３−２に各辺の長さの求め方，表３−３に殳を10とした場合の平勾配の各辺の長さ，表３−４に隅勾配の各辺の長さを示す。

表３−２　各辺の長さの求め方

辺の名称	辺名による式	三角関数式
勾	$\sqrt{(玄^2-殳^2)}$	y
殳	$\sqrt{(玄^2-勾^2)}$	x
玄	$\sqrt{(殳^2+勾^2)}$	$\sqrt{(x^2+y^2)}$
中勾	勾×殳／玄	$y\cos\theta$
長玄	殳²／玄	$x\cos\theta$
短玄	勾²／玄	$y\sin\theta$
欠勾	殳²×勾／玄²	$y\cos\theta^2$
小殳	勾²×殳／玄²	$y\sin\theta\times\cos\theta$
小中勾	勾³×殳／玄³	$y\cos\theta\times\sin^2\theta$
補玄	勾×玄／殳	$y／\cos\theta$

表3−3　平勾配関係数表

殳＝10

平　勾	玄	中　勾	長　玄	短　玄	欠　勾	小中勾	補　玄
20	10.198	1.9612	9.8058	0.3922	1.9231	0.0754	2.0396
25	10.308	2.4254	9.7014	0.6063	2.3529	0.1427	2.5769
30	10.440	2.8735	9.5783	0.8620	2.7523	0.2373	3.1321
35	10.595	3.3035	9.4386	1.1562	3.1180	0.3605	3.7082
40	10.770	3.7139	9.2848	1.4856	3.4483	0.5123	4.3081
45	10.966	4.1036	9.1192	1.8466	3.7422	0.6911	4.9346
50	11.180	4.4721	8.9443	2.2361	4.0000	0.8944	5.5902
55	11.413	4.8192	8.7622	2.6506	4.2226	1.1192	6.2770
60	11.662	5.1450	8.5749	3.0870	4.4118	1.3619	6.9971

表3−4　隅勾配関係数表

隅殳＝14.1421

平　勾	隅　玄	隅中勾	隅長玄	隅短玄
20	14.2829	1.9803	14.0028	0.2801
25	14.3614	2.4618	13.9262	0.4352
30	14.4568	2.9347	13.8343	0.6225
35	14.5688	3.3975	13.7280	0.8408
40	14.6969	3.8490	13.6083	1.0887
45	14.8408	4.2881	13.4763	1.3645
50	15.0000	4.7140	13.3333	1.6667
55	15.1740	5.1260	13.1804	1.9935
60	15.3623	5.5234	13.0189	2.3434

第3節　棒　隅　木

　寄棟屋根は，図3−23に示すように梁間，桁行の両方向に屋根が傾斜している。梁間，桁行方向の屋根の勾配が同じ納まりを棒隅（真隅）といい，水平面上では隅木が軒桁に対して45°に納まる。2方向の屋根の勾配や地の間の距離が異なると，隅木は軒桁に対して45°に納まらない。これを振れ隅という。

　切妻屋根はすべて平勾配と返し勾配の矩使いでよいが，隅木を用いる寄棟，方形などの小屋部材の墨付けには，平勾配，隅勾配のほか，隅木山勾配，上端留め，向こう留め，投げ墨，馬乗り墨，たすき墨，落ち掛かり墨などのさしがね使いを知らなければならない。

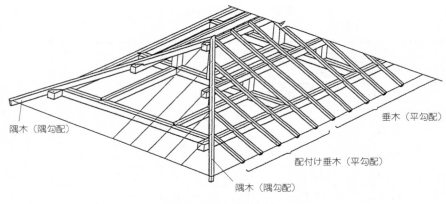

図3−23　寄棟屋根

3. 1　鼻隠し・広小舞の墨付けに必要な勾配

　鼻隠し，広小舞，茅負いなどのように，屋根の勾配に沿って傾斜している部材が，屋根の隅部で留めに納まる場合，水平面上は45°であるが，部材は傾斜しているために墨付けは45°にはならない。この留めに納まる部材の上端胴付きを**上端留め**といい，長玄の返し勾配（**玄の勾配**）となる。また，側面の胴付きは，**向こう留め**といい，中勾の返し勾配となる（図3−24）。鼻隠しと広小舞は，木の使い方が**平使い**と**成使い**で異なるが，同様に墨付ければよい（図3−25）。

　上端留め及び向こう留めを，材の幅や厚みを利用して墨付けする方法を図3−26に示す。この方法は，**木の身返し法**と呼ばれ，古来より伝わる簡便な墨付け技法である。

図3−24　鼻隠しの留め墨の勾配

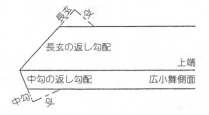

図3−25　広小舞の留め墨の勾配

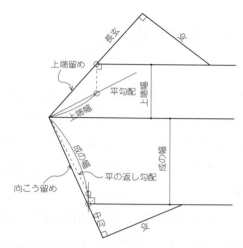

図3-26 木の身返し法による鼻隠しの留め墨の引き方

3. 2 配付け垂木の墨付けに必要な勾配

　隅木の側面に取り付く垂木を**配付け垂木**という。配付け垂木の上端の墨は長玄の勾配（**玄の返し勾配**）となる。側面の墨は平勾配の返し勾配となる。

　図3-27は，材幅を利用する木の身返し法による，上端留めの墨付け方法を示したものである。

　隅木側面に突付け（げんぞうともいう。）とする場合もあるが，垂木下端にほぞを付けて納める場合，側面のほぞ上端墨は平の半勾配となる（図3-28）。

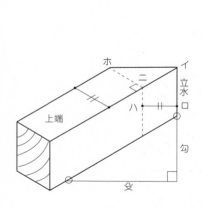

図3-27 木の身返し法による
　　　　配付け垂木の墨付け

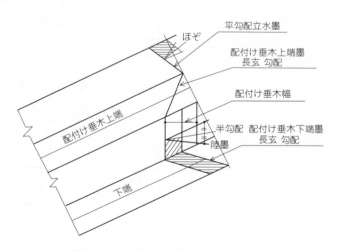

図3-28 配付け垂木ほぞの詳細図

３．３　隅木の墨付けに必要な勾配

（１）　本中・入中・出中

　軒桁などの部材の心と隅木の中心及び側面が交わる点を隅木側面に引き出した線を，**本中，入中，出中**と呼んでいる。本中は隅木の中心と軒桁の中心が交わる位置を表している。**本中**を中心として桁の心が隅木の側面と当たる点のうち，隅木の棟側を**入中**，先端側を**出中**という。入中は隅木の長さを定める基点となり，出中は**垂木割り**の基点となる。

（２）　馬乗り墨・たすき墨

　山形に削った隅木上端の入中と出中を結んだ墨（**桁の心墨**）を馬に跨がる足の開きに見立て**馬乗り墨**と呼ぶ。部材に墨付けをする勾配は，入中側は長玄の返し勾配（**玄の勾配**），出中側は長玄の勾配（**玄の返し勾配**）となる。また，馬乗り墨の交点と本中を結んだ墨は短玄の**１／２返し勾配**となる。いずれの墨も隅木上端の峰の同一点で一致する。隅木下端の入中と出中を結んだ墨（**桁の心墨**）を十文字になることから**たすき墨**と呼ぶ。隅木下端は平面のため，入中と出中を結ぶことで墨を付けられる。勾配は**隅長玄の勾配**になる。

　なお，隅木上端の十文字の墨を**たすき墨**，その交点と本中を結んだ墨を**馬乗り墨**と呼ぶ場合もある（図３－29）。

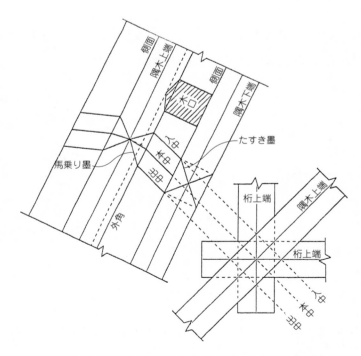

図３－29　本中・入中・出中・たすき墨・馬乗り墨

（3） 隅木山勾配

　隅木の上端は，２方向の屋根の面が交わるため鎬削り，すなわち「ヘ型」に削る。これを**隅木の山勾配**といい，口脇勾配又は小返り，あるいは峰（背峰）ともいう。また，左右側面の上端角を**外角**と呼ぶ。図３−30に示すように隅木の山勾配は隅勾配の中勾勾配（隅中勾勾配）である。

　図３−31は作図による隅木山勾配の求め方を説明したものである。この方法は，振れ隅や多角形の**山勾配**，**落ち掛かり勾配**（後述する。）を求める場合にも利用できるため，古くから利用されている。

　ＡＢを隅地間とし，立上がりをＢＣとすると，ＡＣは隅勾配となる。隅地間に任意の点Ｄを定め，直交する辺ＤＥを引くと，ＡＤとＤＥの長さは等しい。点Ｄから隅勾配に直角に辺ＤＦをひき，この長さをＤからＡＤの延長線上にとった点をＦ′とする。隅木木口はＤＦを含む隅勾配に直角の断面で表されるため，点ＥとＦ′を結べば隅木の山勾配が求まる。ここで辺ＡＤを隅殳とすると，ＤＦは隅中勾であることから，ＤＦ′は隅中勾となる。

　要するに，任意の点Ｄを通る隅木に直角な面における木口を平面上に表したに過ぎない。実際に隅木に山勾配を取る場合は，外角を求める必要がある。図３−30に示すように外角位置は，隅中勾勾配を利用して隅木半幅分の下がり寸法から求めることができる。また，木の身返し法により外角を求める簡便な方法もある（図３−32）。まず隅木の側面に隅勾配（**陸墨**）を引き，隅木の半幅を上端の点イから隅勾配線に沿ってとる（イ〜ロ）。点ロを通る平行線が外角線となる。

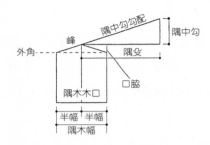

図３－30　隅木の山勾配

図３－32　木の身返し法による
外角線の求め方

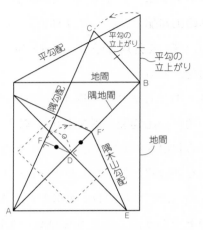

図３－31　隅木山勾配の求め方

（４）　隅木鼻の勾配

　規矩術において，ある材を他材に取り付ける場合，他材の面にその材の位置と形状とを墨付けすること，又は墨付けした線を**投げ墨**（投げ矩）という。

　鼻隠しが取り付く隅木には，垂木鼻の位置を隅木の側面に墨付けする（図３－33）。

　隅木の投げ墨の勾配は，隅勾配を基準とする方法では，隅殳（殳の裏目）と欠勾の矩使いにおける欠勾の方の勾配である（図３－34）。また，**陸墨**（水平線）を基準にすると，殳（表目）と勾の裏目の矩使い（裏の目勾

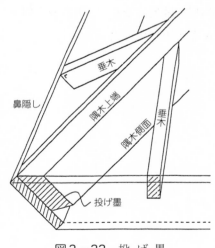

図３－33　投　げ　墨

配）における勾の裏目の方の勾配（図３－35①），又は隅殳と勾の２倍の矩使い（隅倍勾配）における勾の２倍の方の勾配（図３－35②）となる。

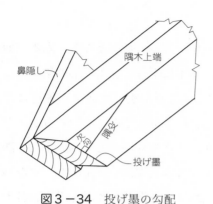

図3-34 投げ墨の勾配

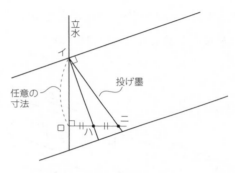

図3-35 陸墨に対する投げ墨の勾配

　その他, 図解で**投げ墨**を出す簡便な方法として, 図3-36もある。点イから立水と流れに直角の線を引き, 立水の任意の点ロから直角の線を引く。投げ墨は点ロ～ハの寸法を2倍した点ニとイを結ぶ線となる。

　隅木鼻の**上端墨**は, 隅木を山勾配に削った場合, **長玄の返し勾配**となる。簡便な方法として図3-37に示すように木の身返し法により, 隅勾配と隅木の半幅から求めることができる。

図3-36 投げ墨の付け方

　また, **下端墨**は平勾配の玄に延び（玄から殳を引いた長さ）の半分を足したものと, 平勾配の殳の矩使いによる勾配で求める（図3-37）。ただし, 厳密には近似値である。

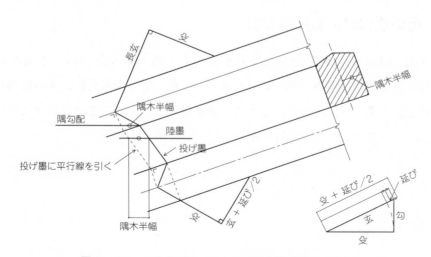

図3-37 木の身返し法による隅木鼻の墨の付け方

（5）　峠（とうげ）と垂木下端墨

　峠とは桁・母屋などの心墨と垂木下端との交点をいい，高さの基準となる。隅木側面の立水上で外角から垂木の立水寸法を下がった位置に，隅木に平行に垂木下端の墨を打つ。この垂木下端墨と桁・母屋などの通り心である入中との交点に引いた陸墨が**峠墨**になる（図3−38）。複雑な丸太梁の小屋組も峠墨からの上がり下がりで正しく納めることができる。垂木下端墨から隅木下端までを**品下**（しなした）（品下寸法，仕込み寸法）と呼ぶ。また，隅木に対して屋根の谷部（**入隅**）に入る部材を**谷木**と呼ぶ。谷木上端はやげん彫り，すなわち「V形」に彫る。谷木の峠は出中に外角から垂木の立水寸法を下がり陸墨を引く。谷木と隅木では外角の位置が異なるため，品下による取り合いの切込み（仕込み）深さが変わる。また，谷木は出中が長さを定める基点となり，入中が垂木割りの基点になるなど，隅木と基点が逆になる（図3−39）。

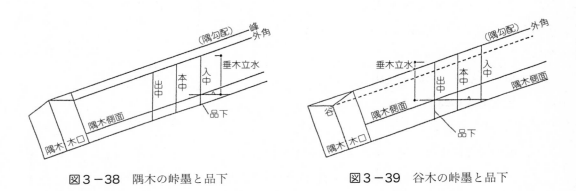

図3−38　隅木の峠墨と品下　　　　　　図3−39　谷木の峠墨と品下

3．4　桁の墨付けに必要な勾配

　図3−40に示すように峠の位置により桁の垂木と取り合う部分の欠き取る量が異なる。一般的に矩計図では桁の上端が峠となっているが，桁の断面欠損が多い場合は，大工の裁量で峠を桁上端より数mm程度高くすることが望ましい。峠を上げて部材に表示できない場合は，峠からの下がり墨（**水墨**）を打っておく必要がある。

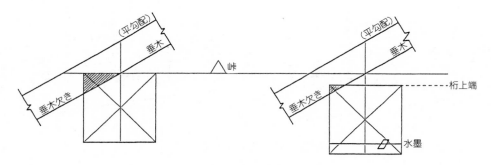

図3−40 峠と桁上端の関係

　垂木が桁，母屋，棟木などと取り合う場合，これらの部材の一部を垂木の傾斜に合わせて欠き取る**垂木欠き**を行う。この部材側面の垂木あたりの部分を**口脇**（くちわき）と呼ぶ。また，垂木欠きをせずにそっくり垂木下端で加工（**小返り**）する場合もある。

　いずれの場合も，部材の上端と外側面に垂木の下端墨を打つが，特に，外側面に打った垂木下端墨を**口脇墨**と呼んでいる（図3−41）。

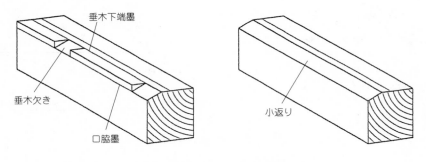

図3−41 垂木欠きと小返り

　隅木との取合いは，隅木心を桁に対して矩勾配（45°）に引き，隅木心に直角に隅木半幅を振り分けるか，桁の心墨上で隅木半幅の裏目を振り分けて隅木の**幅墨**を引く。隅木心と隅木幅を側面に矩の手（直角）に回し，欠き込み深さ辺りまで引く。桁の欠き込み深さは隅木の品下部分の欠き込み量により定まる。欠き込みが浅くなる方の隅木幅墨と口脇墨の交点から品下寸法を下がり，そこから平の**半勾配**を引いた範囲が欠き取り部分になる。半勾配とは平勾配の１／２の勾配であり，**落ち掛かり勾配**と呼んでいる。落ち掛かり勾配を桁上端角まで引き上げ，桁上端に矩勾配を引き，向こう側面で落ち掛かり勾配を引き下げると桁内側の深さが求まる。隅木の取合い部分を垂木下端まで欠き込んだ場合，桁上端の欠き込む位置は，口脇奥行線と隅木幅墨の交点から矩勾配（45°）を引いた墨までとなる（図3−42）。

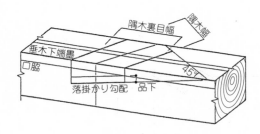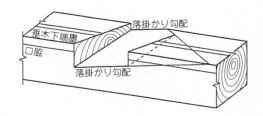

図3－42　落ち掛かり仕口

　落ち掛かり勾配は平勾配の半勾配であるが，これは隅勾配×0.7071（1／$\sqrt{2}$）と同じ意味である。図3－43は，隅勾配の殳（イ～ロ＝隅木幅）の裏目（イ～ニ＝隅木幅の裏目）と，落ち掛かりの深さ（ロ～ハ）の関係が，平の半勾配になることを示している。

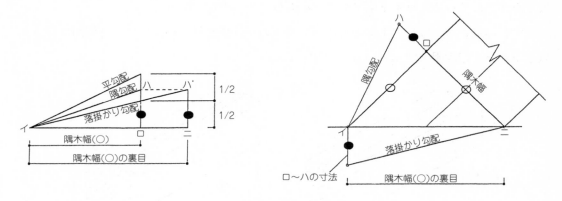

図3－43　落ち掛かり勾配

　落ち掛かり勾配と，材端側の隅木幅墨との交点から平勾配（屋根勾配）を引き，木口に垂木下端墨を出す。又は隅木心と口脇墨の交点に平勾配を引いてもよい。桁側面の垂木下端墨から直角に垂木成を取り，垂木上端墨を出す。これより上部は野地に当たるため，切り取る必要がある（図3－44）。

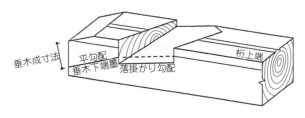

図3－44　桁先の納まり

桁の組み手は，**茶臼**やねじ組などで納めるのが一般的だが，桁鼻をあり掛けで納める**掛け鼻**にすることもある。茶臼とは受け材にありがついたあり掛けである。ねじ組とは落ち掛かりによって欠き取られた桁の残部を均一に相欠きとする合理的な仕口である。両側面の桁材の幅墨上で桁下端から落ち掛かり勾配までの長さを2等分して墨をつなぐと，敷面の位置が求まる。つないだ墨の勾配は，平勾配（屋根勾配）の1／4の勾配となる。敷面がねじれていることからねじ組と呼ばれ，上木は下側を，下木は上側を欠き取る（図3－45）。

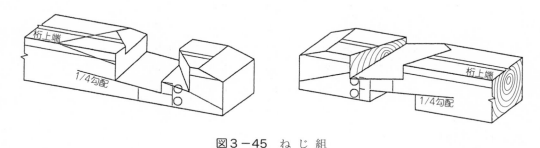

図3－45 ね じ 組

3．5 棒隅木課題

本節で述べてきた勾配を用いて製作する棒隅課題を，図3－46に示す。部材寸法を表3－5に示す。棒隅屋根は様々な規矩の要素を含んでおり，墨付け手順も指導者により様々だが，基本的なさしがね使いは共通している。実際に墨付けをし，課題を製作することで規矩の知識や理解は深まってくる。墨付けを反復しながら，習熟に努めることが大切である。また，振れ隅や多角形などの複雑な課題は，各部材を幾何学的に展開していく展開図法を習得すると，比較的容易に必要な寸法や勾配を導くことができる。今回の棒隅木課題は展開図法を用いずに，さしがね使いのみで墨付けをすることを目的としている。特に，隅木や垂木などの勾配がついている部材の長さは，平面寸法（地の間）と高さ（立ち上がり）を求めて，雁木矩（松葉矩）と呼ばれるさしがね使いで墨を付ける。このさしがね使いでは，部材の長さが求まると同時に，部材側面に水墨（水平）や立水（垂直）を引くことができる。

墨付けの参考として，各部材の展開図を図3－47～図3－56に示す。

表3-5　棒隅木課題材料表（仕上り寸法）

名称	幅	成	長さ	本数
右桁	72	86	700	1本
左桁	72	86	500	1本
隅木	60	86	1250	1本
梁	72	72	500	1本
棟木	72	86	350	1本
束	72	72	400	1本
火打ち梁	72	24	450	1本
垂木	30	36	800	1本
垂木	30	36	600	1本
鼻隠し	24	85	850	1本
鼻隠し	24	85	600	1本
ねこ	72	100	400	1本

〈基本的な仕様〉

①　平勾配は5／10とする。

②　隅木上端は山面を削ってから，たすき墨，馬乗り墨をつける。

③　峠は桁上端より6mm上げる。

④　隅木下端の切り欠きは，垂木下端までとする。（一般の建築現場では，隅木の断面欠損を小さくするため，隅木の切り欠きは成の1／5程度とすることが多い。）

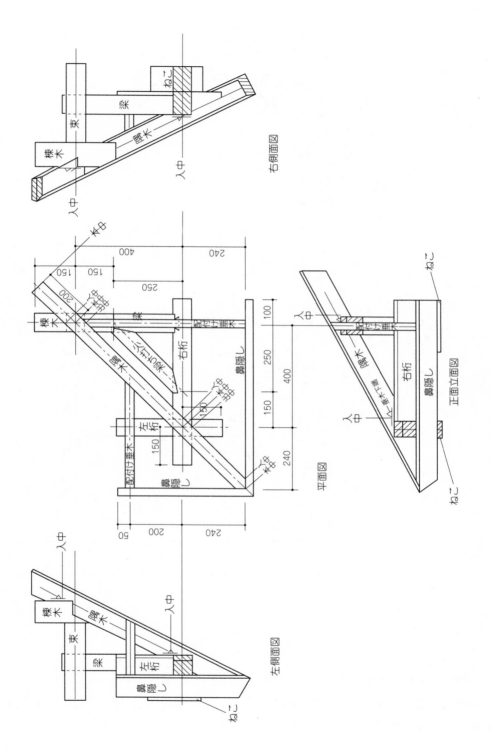

図3-46 棒隅木の平面図・立面図

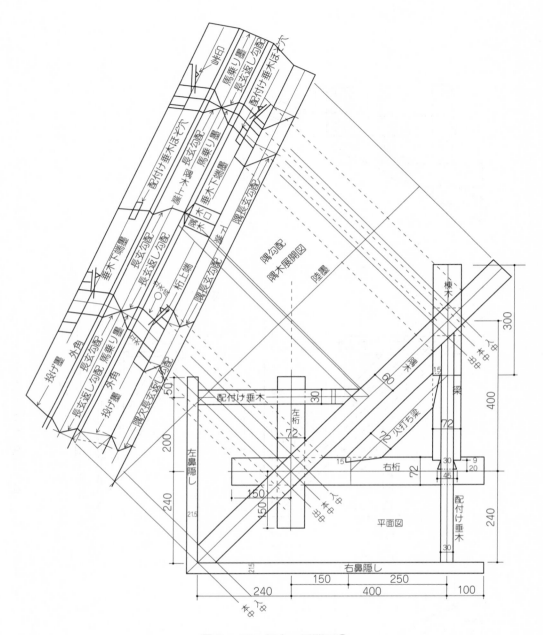

図3－47　隅木の展開図①

（1）　隅木下端と桁・棟木上端の取り合い（図3－48，図3－49）

　桁・棟木上端の高さは，峠から6㎜下がった位置になるので，隅木側面の桁に欠き込まれる部分は，垂木下端墨，桁上端で囲まれた範囲（斜線部分）とする。

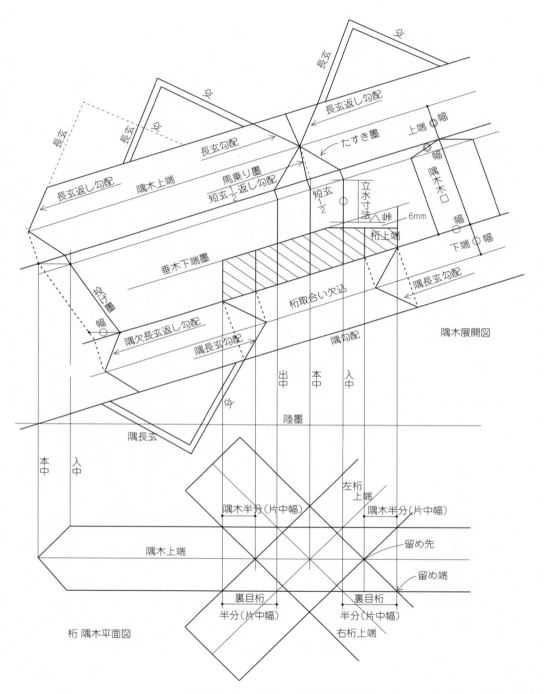

図3-48　隅木の展開図②

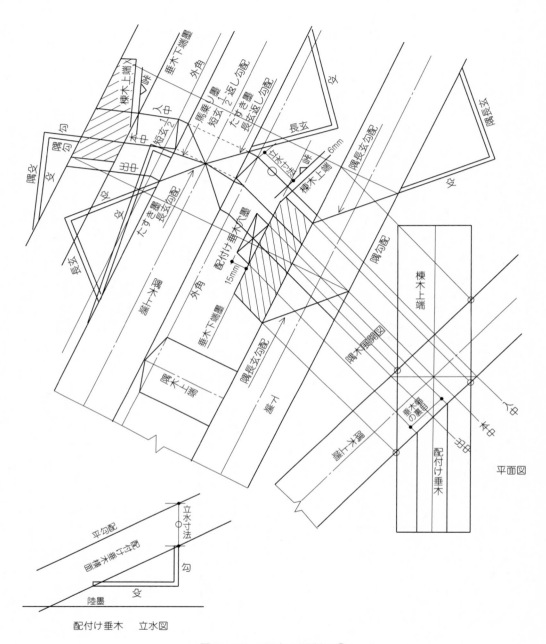

図3−49　隅木の展開図③

（2）　配付け垂木（図3−50）

　配付け垂木のほぞ穴墨は立水に15mmとしているため，ほぞの厚みがほぞ元で15mmとなり，上端に半勾配に傾く先細りのほぞとなる。長さは15mm程度とする。

　配付け垂木ほぞの詳細図は，本節3．2の図3−28を参照のこと。

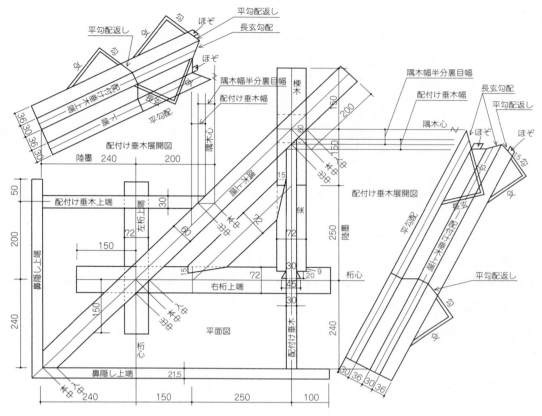

図3−50　配付け垂木の展開図

（3）　棟木，桁

　図3−51〜図3−53に棟木，桁の展開図を示す。同図には口脇の位置を決めるため，右桁の木口断面も描いている。桁の上端には，材幅の心墨だけでなく，隅木，梁，火打ち梁などの各部材の材心を描く必要がある。

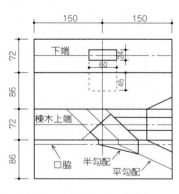

図3−51　棟木の展開図

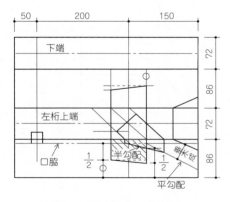

図3−52　左桁の展開図

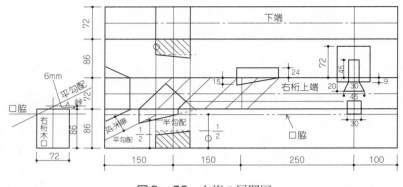

図3−53　右桁の展開図

a．ねじ組（図3−54）

　棒隅木課題における桁外面のねじ組の勾配墨は，桁下端から口脇線までと，落ち掛かりまでをそれぞれ二等分した点を結んだ線とする。欠き込み深さの差は△印（○印−□印）となる。桁内面のねじ組は，桁木口側の深さを○印とし，一方は○印＋△印とする。右桁と左桁のねじ組の墨付けは同じであるが，右桁が下半分を，左桁が上半分を欠き取ることに注意する。

b．垂　木　道

　垂木下端の墨は，落ち掛かり下角から平勾配を引く。口脇線と隅木心交点から平勾配を引いてもよい（図3−54）。垂木上端の墨は下端墨から材軸直行に，垂木成の寸法をとる。

　桁の垂木上端より上の部分は，屋根下地があるため，加工時に欠き取る部分である。

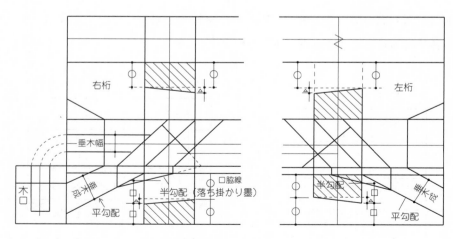

図3−54　落ち掛かりとねじ組

（4） 梁，火打ち梁，束

図3-55，図3-56に梁，火打ち梁の展開図を示す。梁には勾配関連の墨はないので，平面図に従って，あり頭，火打ち梁の傾き大入れ，束に差し掛ける通しほぞの墨をつける。火打ち梁は桁と梁に45°の角度で取り付く材である。火打ち梁の心と桁，梁材心の交点の長さは，隅地間，すなわち裏目で測る。

束の長さは，峠を基準に求める。地の間と屋根勾配から峠間の距離を求め，峠下がりに棟木下端や梁成のほぞ穴墨を付ける（図3-57）。

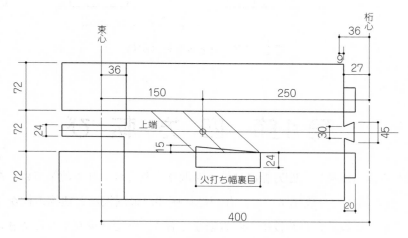

図3-55 梁展開図

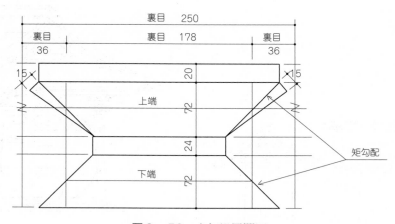

図3-56 火打梁展開図

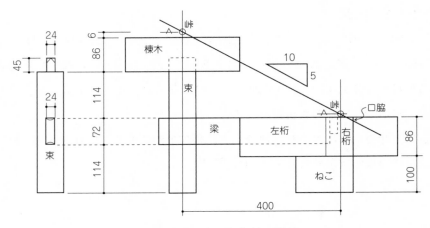

図3－57　束と各部材の関係

第4節　四方転び

　日本古来から木造建築に，**四方転び**の技術が取り入れられ，社寺建築では，神社の水盤舎（水屋），寺の鐘楼，一般民家では，井戸端釣瓶井戸の屋根など建物の柱が4本で風雨に耐えられるように設計された技術が四方転びである。今では少なくなってきたが，一般家庭でも四方転び踏台がある。四方転びの技術は，建築技術の要素が多く含まれている。

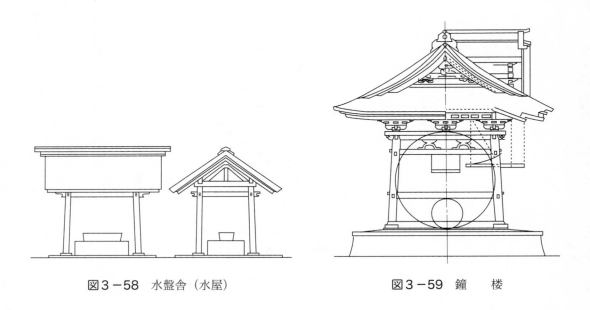

図3－58　水盤舎（水屋）　　　　　図3－59　鐘　　楼

４．１ 柱建て四方転びの基本図の原理

　柱建て四方転びの基本図は，返し勾配で，勾・殳・玄の中に出てくる各名称を，図３－60に示す。四方転びのできあがった作品は，柱の**勾配**が平勾配となり，基本図にも現れるように柱が二方向に傾斜するので，柱に**のび**が出て中勾の勾配に変化をする。支柱は一方向に傾斜するだけで**平勾配**である。

　基本図に現れる現寸柱は，平勾配の地間で玄の長さで出る中勾返し勾配柱実長，勾の裏目寸法で出る柱角勾配柱実長，勾の二ツ転びで出る中勾返し勾配柱実長，柱角勾配長玄の柱木口曲せ，中勾勾配に勾の長さで出る加弓の原理などを，現寸柱の穴墨の角度を出す小中勾返し勾配と補玄勾配など，さしがね使いのおもしろさがある。

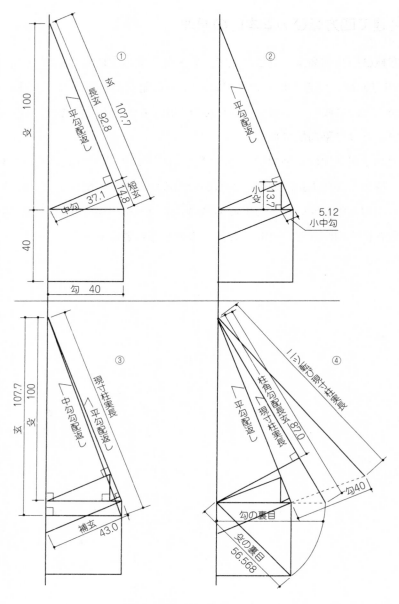

図3－60　4／10返し勾配

4．2　四方転びの作図

　四方転びの作図は，天板平面図，正面図，正面貫展開図，柱現寸展開図，柱木口曲せ図，側面図，側面貫展開図，基本図である。作図方法も，図3－61のように現寸柱展開図を平勾配正面図より二ツ転びの図法で描く方法（二転び法）と，同じく正面図より延び

矩を使って描く方法（延び矩法），そして，平の転び寸法の裏目を使って描く方法（裏の目勾配法）がある。柱建て四方転びは，地間寸法より高さ寸法が高いので，さしがね使いの作図の勾配は，返し勾配となる。ただし，垂直を基準としているため，返し勾配ではなく転び勾配で呼ぶ。

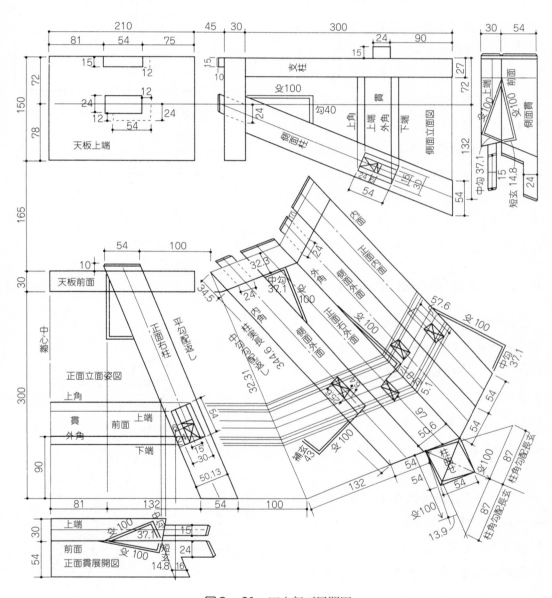

図3−61　四方転び展開図

４．３　天板の墨の出し方

　四方転びは**左右対称**であるため，四方転びの作図は右半分を描けばよい。用紙を縦に使い左上角に天板を描く。天板の幅は天板の中心線より後側に72mm，前側に78mmで天板の幅150mmを描く。穴墨は右端より75mmを計り，穴の長さ54mmを出す。中心線までの部材の残り長さは81mmとなる。穴墨は天板の中心線より振り分けて12mmずつ24mm幅の穴墨を描き，支柱の穴墨は，後面より15mmのほぞの厚みの墨を出す。天板の下端には柱が４／10の勾配で傾斜する分だけ（点線で示してある）ずらして穴の墨を出す（図３－62）。

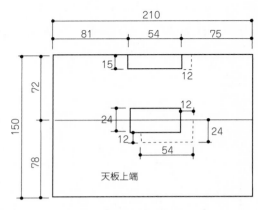

図３－62　天　　板

４．４　正面図の墨の出し方

　正面図は，天板から165mmの間隔をあけて，正面図の天板の厚みを描く。高さは天板の下端から300mmが地面であり，天板の厚みが30mmであるから天板上端の高さは330mmとなる。縦中心線より81mm入った天板の上端穴の位置から４／10の平勾配の返し勾配で正面図の柱を地面当たり，54mmの幅で描く。**貫の高さ**は，地面から90mm上がった位置が外面の下角になり貫の成54mmを上に上角を出し，正面右柱面に貫の幅30mmの貫の断面を現す。貫の断面図の中にほぞ幅15mmの幅を描き54mmの貫の成の中心を出し，中心から**陸水**にほぞの幅に水平墨を出し，ほぞの外面墨と内面墨よ

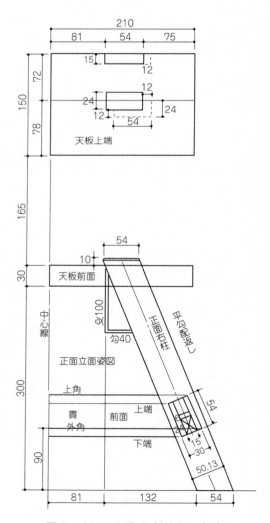

図３－63　正面図（右側１／２）

り直角に穴の墨，側面貫の下穴墨を出し，貫の断面図4箇所の角より貫上端，貫前面，貫下端の**陸墨**を出す（図3－63）。

4. 5　現寸柱展開図の墨の出し方

　現寸柱展開図は，正面図の平勾配の高さ寸法からもう一度，平勾配の地間開き寸法で現寸柱の勾配を出す。現寸柱の勾配は中勾返し勾配に変化する。天板の胴付け，地面に当たる柱の切り墨，穴の位置を出す基本線は，全て中勾返し勾配である。

　穴の高さの位置は，正面図より基本線を引き出し穴の位置が決まる。現寸柱の穴墨の上と下の墨は，柱の角取りが四角ではなく45°方向に転んでいるため，柱の切断面がひし形になり，柱の接地面の木口を四角にするため，柱をひし形に削る。柱がひし形に削り取っていないと天板に差さるほぞの角度が内側に入ってしまう。柱がひし形に削ってあるので穴の上下の角度が柱から直角ではなく，さしがね使いでは，柱から小中勾の返し勾配，陸墨からは，補玄勾配の角度となる。

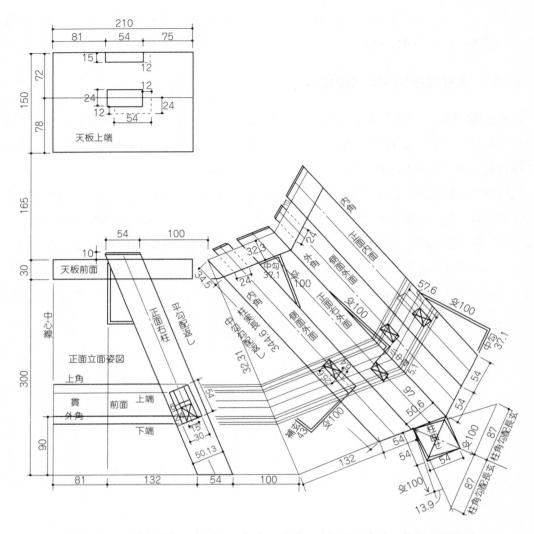

図3−64　天板平面図（右側１／２）・正面図（右側１／２）・柱現寸展開図

４．６　現寸柱の柱木口曲せ取り

（１）　作図によってひし形を求める方法

　四方転びの作品を作る上で大切なことは，柱の曲せを取ることである。簡単に柱の曲せを取る方法としては現寸柱の直角寸法を柱木口の断面図に円を出し，断面図の対角線との交点にひし形の柱曲せの墨を出す方法である。

（２）　基本図に出る角度を用いてひし形を求める方法

　基本図の角度から出る寸法で，柱木口の曲せ断面図を現すと，勾の裏目寸法から出る柱

角勾配，その角勾配から出る柱角勾配長玄を用いて出すひし形を求めることができる。基本図の中勾返し勾配の線上に，勾の長さを出した位置寸法を加弓といい，ひし形の曲せ勾配は，殳に対する**加弓の勾配**となる（図3－65）。加弓とは，四方転びで柱部材の先端の木口に現れる変形の程度のことである。

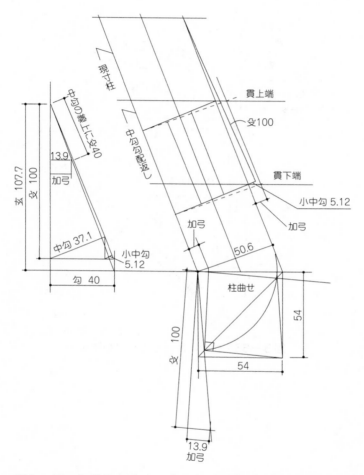

図3－65　加弓基本図（4／10返し勾配）・柱木口曲せ断面図

（3）　ひし形を求めるその他の方法

　現寸柱の曲せ取りでは，基本図の勾の裏目寸法で出る柱角勾配長玄と加弓の関係（図3－66）や，柱の地面当たり寸法54mmを，裏目寸法で現寸柱幅を出し，基本図の勾の裏目寸法の角度で柱木口曲せ取りができる方法（図3－67），勾の裏目の勾配及び柱木口直角裏目寸法の円と柱角勾配長玄の関係（図3－68）などの方法からひし形を求めることができる。

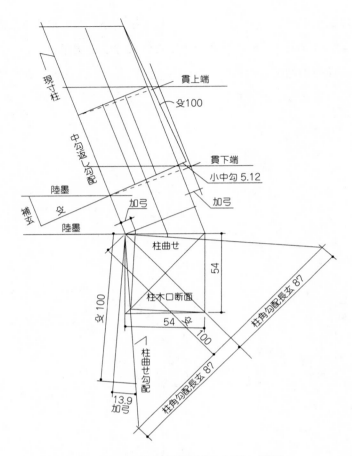

図3−66 柱角勾配長玄と加弓の関係

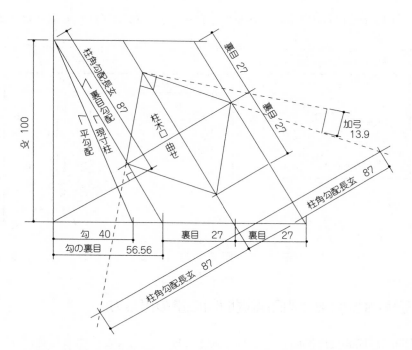

図3－67　柱幅の裏目寸法と基本図の勾の裏目寸法の角度の関係

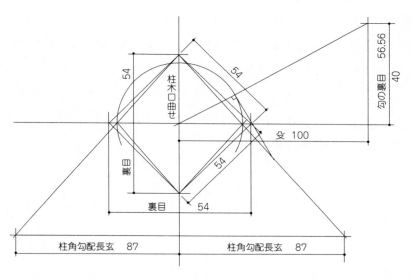

図3－68　勾の裏目の勾配及び柱木口直角裏目寸法の円と柱角勾配長玄の関係

4．7　側面図の墨の出し方

　側面図は，作品を横から見た姿図で，天板上端と柱の心が，天板の中心線と一本の線上にある。支柱も側面が見え天板に入るびんたほぞも15mmの厚みで墨を出す。支柱の後に

支柱をつなぐ桟を地面から90mmの貫外面下端角線より上にくぎ打ちで取り付ける。

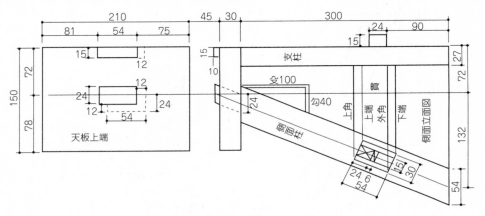

図3−69　天板平面図（右側1／2）・側面図

4．8　正面貫展開図と側面貫展開図の墨の出し方

　正面貫展開図，側面貫展開図は，上端と前面を描く。上端と前面の柱胴付け当たり，角度のさしがね使いは，正面図の貫上端と外面角が，正面右柱内面との胴付け面より垂直に正面貫展開図まで下ろし，上端胴付け角度，殳と短玄の短玄返し勾配，前面の胴付け角度，殳と中勾の中勾返し勾配で胴付け墨を出す。上端のほぞ幅は15mmで，柱外面より10mmのばす。ほぞの下端が小根ほぞになるので，前面に小根ほぞの図を現す。側面貫展開図は，正面貫と出し方は同じであるが，ほぞの小根が逆となる。支柱には貫はそのままの形で差さるので支柱の穴をどぶに掘り，支柱の後より10mm長くして後で切り仕上げる。支柱側面より貫にくぎ2本打ちで止める。

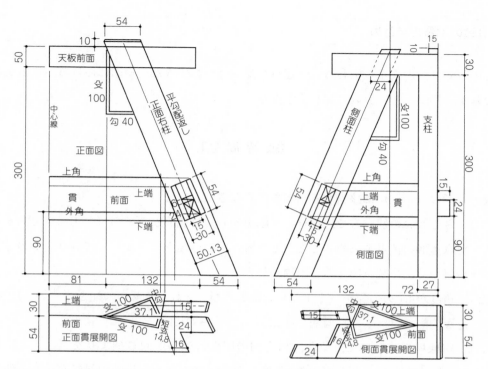

図3−70 正面図（右側1／2）・側面図　正面貫展開図（右側1／2）・側面貫展開図

第3章の学習のまとめ

　この章では，古来から伝わる社寺建築で受け継がれてきた規矩術における，さしがね使いの基本，棒隅などについて詳しく学んだ。

【練 習 問 題】

次の文章の（　　）に該当する語句を入れなさい。

（1）　さしがねの使い方で，角材の半幅を測り，材側面からその（　①　）で測ることで八角形の頂点を求めることができる。円の直径を（　②　）で測り，その寸法を表目の寸法に読み換えると円周の長さになる。

（2）　角度が45°の勾配を（　①　）勾配と呼び，それより緩い勾配を（　②　）勾配，急な勾配を（　③　）勾配と呼ぶ。

（3）　寄棟屋根において，梁間，桁方向の屋根の傾斜が同じ納まりを（　①　）といい，隅木が軒桁に対して45°の角度となる。２方向の屋根の傾斜が異なり，隅木が45°以外の角度にかかる納まりを（　②　）という。

（4）　隅木の側面に取り付ける垂木を（　　　　）という。

（5）　鼻隠しの上端留めの墨は（　①　）の返し勾配（玄の勾配）となる。側面の留墨は向こう留めといい，（　②　）の返し勾配となる。

（6）　（　①　）は隅木の長さを定める基点となり，（　②　）は垂木割りの基点となる。

（7）　棒隅木の山勾配は（　　　　）の勾配である。

（8）　棒隅木において出中から入中までの水平寸法は（　　　　）の幅に等しい。

（9）　投げ墨の上端は（　　　　）の返し勾配である。

（10）　棒隅木の落ち掛かり勾配は平の（　　　　）勾配になる。

（11）　垂木や隅木などの傾斜材の長さを測る場合は，雁木矩（松葉矩）法で実長を求める。隅木の実長は隅木側面に沿って，さしがねの（　　　　）で測る。

（12）　柱建て四方転びの柱は二方向に傾斜するので，柱にのびが出て（　　　　）の勾配になる。

（13）　柱建て四方転びの柱の曲せの勾配は，殳に対する（　　　　）の勾配となる。

【練習問題の解答】

第1章

（1）　①　横線式工程表　②　ネットワーク工程表
（2）　①　保護帽　②　墜落制止用器具等
（3）　①　1 m　②　1.8m
（4）　①　24
（5）　①　逃げ墨
（6）　①　建て入れ（ゆがみ直し）
（7）　①　根太張り工法　②　直張り工法
（8）　①　先張り防水シート
（9）　①　雨　②　火気

第2章

（1）　①
（2）　25〜30°がよい。
（3）　②
（4）　①　荒仕工かんな　②　中仕工かんな　③　仕上げ（上仕工）かんな
（5）　(a)
（6）　①
（7）　段数
（8）　①　×：引き違い敷居・鴨居の中樋端寸法は，ガラス戸では12mm，ふすまでは
　　　　　9mmである。
　　　②　×：防水紙を張り，胴縁を打ち付けてその上にサイディング材を張る。
（9）　30

第3章

（1）　①裏目　②丸目
（2）　①矩　②平　③返し
（3）　①棒隅　②振れ隅
（4）　配付け垂木

（5）　①　長玄　②　中勾

（6）　①　入中　②　出中

（7）　隅中勾

（8）　隅木

（9）　長玄

（10）　半（1／2の）

（11）　裏目

（12）　中勾

（13）　加弓

索　引

【参考文献】
1) 国土交通省大臣官房官庁営繕部監修「公共建築木造工事標準仕様書 平成31年版」, 2019年, 一般社団法人公共建築協会
2) 国土交通省大臣官房官庁営繕部監修「公共建築木造工事標準仕様書 平成31年版」, 2019年, 及び「建築工事監理指針 令和元年版（上巻）」, 2019年, 一般社団法人公共建築協会
3) 独立行政法人住宅金融支援機構「フラット35対応木造住宅工事仕様書 2019年版」, 2019年, 株式会社井上書院
4) 「木造家屋建築工事の作業指針 作業主任者技能講習テキスト」, 2018年, 建設業労働災害防止協会
5) 「建築現場大辞典＋写真帖＋DVDビデオ」, 2008年, 株式会社エクスナレッジ
6) 国土交通省大臣官房官庁営繕部監修「建築工事監理指針 令和元年版（下巻）」一般社団法人公共建築協会
7) 「建築工事標準仕様書・同解説JASS26内装工事」, 2019年, 一般社団法人日本建築学会

第三章：富樫新三著「図解 規矩術」, 1998年, 株式会社理工学社

【出所一覧】
図1-3 左図 独立行政法人住宅金融支援機構「フラット35対応木造住宅工事仕様書 2019年版」, 株式会社井上院, 2019年, p.30 参考図3.1.1-1 スウェーデン式サウンディング試験
図1-4 (a)左図 国土交通省大臣官房官庁営繕部監修「建築工事監理指針令和元年版（上巻）」, 一般社団法人公共建築協会, 2019年, p.105 図2.2.6 各足場の例（その2）㋭ くさび緊結式足場
(b) 国土交通省大臣官房官庁営繕部監修「建築工事監理指針令和元年版（上巻）」, 一般社団法人公共建築協会, 2019年, p.106 図2.2.6 各足場の例（その3）㋩ ブラケット一側足場
図1-5 国土交通省大臣官房官庁営繕部監修「建築工事監理指針令和元年版（上巻）」, 一般社団法人公共建築協会, 2019年, p.105 図2.2.6 各足場の例（その2）㋥ 枠組足場
図1-7 国土交通省大臣官房官庁営繕部監修「建築工事監理指針令和元年版（上巻）」, 一般社団法人公共建築協会, 2019年, p.109 図2.2.6 各足場の例（その6）㋥ 移動式室内足場, 可搬式作業台より可搬式作業台（可搬式足場）部分を抜粋して転載
図1-8 職業能力開発総合大学校 基盤整備センター「木造建築実技教科書」, 一般社団法人雇用問題研究会, 2018年, p.105 図1 配置図例
図1-11 職業能力開発総合大学校 基盤整備センター「タイル」, 一般財団法人職業訓練教材研究会, 2008年, p.15 図1-23 水盛り缶
図1-18 独立行政法人住宅金融支援機構「フラット35対応木造住宅工事仕様書 2019年版」, 株式会社井上書院, 2019年, p.40 参考図3.3.2-2 布基礎詳細図①
図1-19 独立行政法人住宅金融支援機構「フラット35対応木造住宅工事仕様書 2019年版」, 株式会社井上書院, 2019年, p.42 参考図3.3.3-1 べた基礎詳細例
図1-21 独立行政法人住宅金融支援機構「フラット35対応木造住宅工事仕様書 2019年版」, 株式会社井上書院, 2019年, p.47 参考図3.3.11 床下換気より(B)の(a)(b)を抜粋して転載
図1-27 職業能力開発総合大学校 基盤整備センター「木造建築実技教科書」, 一般社団法人雇用問題研究会, 2018年, p.113 図1 ゆがみ直し作業
図1-28左図 独立行政法人住宅金融支援機構「フラット35対応木造住宅工事仕様書 2019年版」, 株式会社井上書院, 2019年, p.121 参考図6.2.2-1 下ぶき工法例より左図を抜粋して転載
図1-30 ケイミュー株式会社「屋根材総合カタログ 2020」, p.66 施工手順05
図1-31 国土交通省大臣官房官庁営繕部監修「建築工事監理指針令和元年版（下巻）」, 一般社団法人公共建築協会, 2019年, p.186 図13.4.8 切妻瓦割付けの例
図1-32 株式会社鶴弥「スーパートライ110 タイプⅠ・タイプⅢ 第23回改定版」p.36 15. 谷の納まりより抜粋して転載
図1-35左図 日鉄鋼板株式会社「エバールーフ横葺1・2・6型ウッディー 設計・施工マニュアル」, p.6, 2-3 構成図（上段の図）より許諾を得て一部変更して転載
右図 日鉄鋼板株式会社「エバールーフ横葺1・2・6型ウッディー 設計・施工マニュアル」, p.28, 9-2 下地構造と接合部断面形状より木構造の左図を抜粋して転載

図1-36 JFE鋼板株式会社「立平333ｶﾀﾛｸﾞ」, p.3 全体構成及びｹﾗﾊﾞより許諾を得て一部変更して転載

図1-40 独立行政法人住宅金融支援機構「ﾌﾗｯﾄ35対応木造住宅工事仕様書 2019年版」, 株式会社井上書院, 2019年, p.181 参考図9.2.3 波型ラス (ﾒﾀﾙﾗｽ) 張り工法

図1-44 国土交通省大臣官房官庁営繕部監修「建築工事監理指針令和元年版 (下巻)」, 一般社団法人公共建築協会, 2019年, p.651 図19.5.7 直張り工法

図1-45 国土交通省大臣官房官庁営繕部監修「建築工事監理指針令和元年版 (下巻)」, 一般社団法人公共建築協会, 2019年, p.678 図19.7.19 ﾍﾞﾍﾞﾙｴｯｼﾞﾎﾞｰﾄﾞの継目処理工程図に許諾を得て一部加筆して転載して転載

図1-46 一般社団法人日本建築学会「建築工事標準仕様書・同解説 JASS26 内装工事 改定第2次 第2版」, 一般社団法人日本建築学会, 2019年, p.306 解説図5.51:下地の種類

図1-47 独立行政法人住宅金融支援機構「ﾌﾗｯﾄ35対応木造住宅工事仕様書 2019年版」, 株式会社井上書院, 2019年, p.165 参考図8.6 窯業系ｻｲﾃﾞｨﾝｸﾞ張り施工例より(A), (B), (C)出墨部, (D)を抜粋して転載

図1-48 独立行政法人住宅金融支援機構「ﾌﾗｯﾄ35対応木造住宅工事仕様書 2019年版」, 株式会社井上書院, 2019年, p.201 参考図11.1.3-1 ｻｯｼの取付おさまり例 (半外付けｻｯｼの場合) 許諾を得て一部変更して転載

図1-49 独立行政法人住宅金融支援機構「ﾌﾗｯﾄ35対応木造住宅工事仕様書 2019年版」, 株式会社井上書院, 2019年, p.205 参考図11.1.4-2 ｻｯｼまわり防水ﾃｰﾌﾟの貼り方例

図1-50 独立行政法人住宅金融支援機構「ﾌﾗｯﾄ35対応木造住宅工事仕様書 2019年版」, 株式会社井上書院, 2019年, p.263 参考図1-1.2.1-1 断熱構造とする部分

図1-51 独立行政法人住宅金融支援機構「ﾌﾗｯﾄ35対応木造住宅工事仕様書 2019年版」, 株式会社井上書院, 2019年, p.281 参考図1-1.4.10-1 断熱材のすき間が生じやすい箇所

図1-52 独立行政法人住宅金融支援機構「ﾌﾗｯﾄ35対応木造住宅工事仕様書 2019年版」, 株式会社井上書院, 2019年, p.282 参考図1-1.4.10-2 取合い部の断熱材施工例①より(A), (E)を抜粋して転載

図1-53 独立行政法人住宅金融支援機構「ﾌﾗｯﾄ35対応木造住宅工事仕様書 2019年版」, 株式会社井上書院, 2019年, p.239 参考図18.3.1 外壁の室内に面する部分の防火被覆の例及び参考図18.3.2 間仕切り壁の防火被覆の例

図1-54 独立行政法人住宅金融支援機構「ﾌﾗｯﾄ35対応木造住宅工事仕様書 2019年版」, 株式会社井上書院, 2019年, p.223 参考図17.1.2-3 防火被覆材の取合い部

図2-37左図 工機ホールディングス株式会社「ﾊｲｺｰｷ電動工具総合ｶﾀﾛｸﾞ 2020.4 April」, p.125 一般木材用ﾁｯﾌﾟｿｰ (0032-0267)
　　　　右図 株式会社マキタ「ﾏｷﾀ総合ｶﾀﾛｸﾞ 2020-4」, p.254 金工用ﾁｯﾌﾟｿｰ (A-59760)

図2-41 株式会社マキタ「ﾏｷﾀ総合ｶﾀﾛｸﾞ 2020-4」, p.179 小型ﾐｿﾞｷﾘ (3005BA) 及び仕上ﾐｿﾞｷﾘ (3803ASP)

図2-44 株式会社マキタ「ﾏｷﾀ総合ｶﾀﾛｸﾞ 2020-4」, p.174 充電式ｶﾝﾅ (KP180DRF)

図2-69 一般社団法人日本建築学会「構造用教材 (改訂第3版)」, 一般社団法人日本建築学会, 2014年, p.171 在来軸組構法住宅

図2-80 独立行政法人住宅金融支援機構「ﾌﾗｯﾄ35対応木造住宅工事仕様書 2019年版」, 株式会社井上書院, 2019年, p.109 参考図5.7.3 広小舞・登りよど

図2-93 職業能力開発総合大学校 基盤整備センター「建築Ⅱ (四訂改補版)」, 一般財団法人職業訓練教材研究会, 2014年, 図1-125 本床

表1-3 独立行政法人住宅金融支援機構「ﾌﾗｯﾄ35対応木造住宅工事仕様書 2019年版」, 株式会社井上書院, 2019年, p.182 9.3.2 調合の表

表1-4 独立行政法人住宅金融支援機構「ﾌﾗｯﾄ35対応木造住宅工事仕様書 2019年版」, 株式会社井上書院, 2019年, p.183 9.3.3 塗厚の表

表1-5 独立行政法人住宅金融支援機構「ﾌﾗｯﾄ35対応木造住宅工事仕様書 2019年版」, 株式会社井上書院, 2019年, p.190 10.1.4 工法別張付け用ﾓﾙﾀﾙの塗厚の表

表1-6 一般社団法人日本建築学会「建築材料用教材 [1998 (平成10年) 改] 改訂第2版」, 一般社団法人日本建築学会, 1998年, p.95 4 壁装材 表3:壁装材の分類と特性

委員一覧

厚 生 労 働 省 認 定 教 材	
認 定 番 号	第 59030 号
認 定 年 月 日	昭和58年５月30日
改定承認年月日	令和３年２月18日
訓 練 の 種 類	普通職業訓練
訓 練 課 程 名	普通課程

建築〔Ⅰ〕
―建築施工・工作法・規く術編―

昭和59年３月10日　初　版　発　行
平成２年３月25日　改 訂 版 発 行
平成８年11月30日　三 訂 版 発 行
平成13年２月20日　三訂改補版発行
平成22年３月31日　四 訂 版 発 行
平成26年６月25日　四訂改補版発行
令和３年３月25日　五 訂 版 発 行
令和６年３月20日　３　刷　発　行

編集者　独立行政法人 高齢・障害・求職者雇用支援機構
　　　　職業能力開発総合大学校 基盤整備センター

発行者　一般財団法人 職業訓練教材研究会

〒162-0052
東京都新宿区戸山１丁目15－10
電　話　03（3203）6235
ＦＡＸ　03（3204）4724

ＩＳＢＮ978-4-7863-1160-4